『ビジネス・ファイナンス論』の体系図

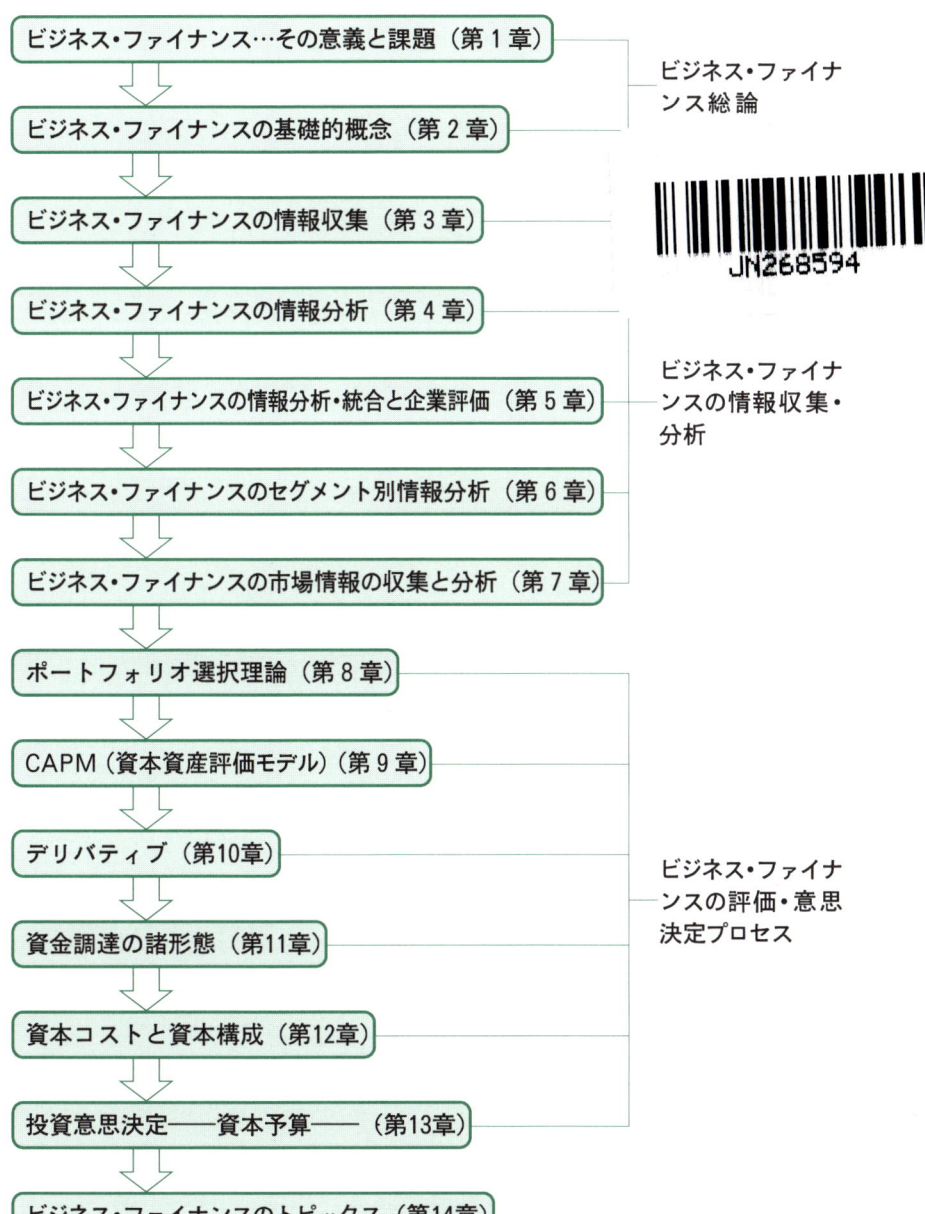

21世紀経営学シリーズ 7

ビジネス・ファイナンス論

大塚　宗春
宮本 順二朗　編

学文社

執 筆 者

* 大塚　宗春　会計検査院　（第1章, 第2章, 第14章-1, 2）
* 宮本順二朗　帝塚山大学　（第3章, 第4章, 第5章, 第14章-3）
  齋藤　正章　放送大学　（第6章, 第13章）
  阿部　圭司　高崎経済大学　（第7章, 第10章）
  葛山　康典　早稲田大学　（第8章, 第9章）
  奥本　英樹　福島大学　（第11章, 第12章, 第14章-4）

（執筆順：＊は編者）

読者へのメッセージ

　「21世紀経営学シリーズ」の第7巻として，本書『ビジネス・ファイナンス論』を刊行する。本シリーズ第1巻の『経営学の構図』において，"ビジネス・ファイナンス"は「経営資源論」のうちのひとつとされている。しかし，"先立つものはカネ"といわれるように，経営の場においてもお金（資金）がもっとも重要な資源であることは，世紀が違っても，変わらないだろう。

　"ビジネス・ファイナンス"は，けっして，他の学問分野と関係のない分野ではない。いなむしろ，経営学以外の他分野とも，さらに密接不可分な関係にある。すなわち，経済学・会計学・法学といった社会科学，人間の思考・行動様式などに関する人文科学，さらに物理学・工学などの自然科学といった，隣接諸科学からの影響もあって，現代ファイナンス理論が生成してきたことを知っておく必要がある。

　本書では，まず第1章において，"ビジネス・ファイナンス"とは何か，という問いに対する答えから始め，第2章でそのために必要な概念を掲げて概説する。

　体系図（表紙裏）でも示したように，第3～第7章では，"ビジネス・ファイナンス"の意思決定・行動のために必要な情報をいかに収集・分析するのかについて，くわしく述べる。

　ついで，第8章～第13章では，収集・分析された情報を用いて，いかに意思決定・行動に繋げるのかについて，具体的に説明する。

　最後に第14章では，ストックオプション，ベンチャーキャピタル，M&A（企業合併・買収），配当政策といった"ビジネス・ファイナンス"の分野における最近のトピックスについて述べる。

　本書の特色は，"ビジネス・ファイナンス"の理解・学習に必要な，

問題解決能力の涵養を念頭に置き，各種 Web サイトの紹介・演習問題を豊富に取り入れたことである．読者には，ぜひとも，それらの Web サイトを実際に参照し，かつ演習問題に取り組まれることを望む．

2003年3月

大塚　宗春
宮本　順二朗

付記

　Microsoft（マイクロソフト），Windows は，米国 Microsoft Corporation の米国およびその他の国における登録商標または商標である．

　Lotus は，IBM Corporation および，Lotus Development Corporation の商標である．

　その他記載されている会社名（ジャストシステム，アドビシステムズ），製品名（Lotus123，一太郎，PDF など）は，各社の商標もしくは登録商標名である．

目次

第1章 ビジネス・ファイナンス……その意義と課題 … 1

1 ファイナンスの意味　2

ファイナンスとは　2／　株式会社とは　3／　株式会社のファイナンス　4／ファイナンスと財務諸表　5

2 ファイナンスの目的　6

意思決定のプロセス　6／　企業目的としての利益最大化基準の問題点　7／企業目的としての株主の富の最大化　11

3 株式評価(株価)モデル　12

4 経営者と株主の利害　13

第2章 ビジネス・ファイナンスの基礎的概念 … 17

1 キャッシュ・フロー　18

キャッシュ・フローの意味　18／　キャッシュ・フロー計算書　19／　キャッシュ・フロー計算の簡便法　20

2 資金の時間価値　21

将来価値と現在価値　21／　多(複数)期間にわたるキャッシュ・フローの現在価値　24／　年金現価　25／　一定額のキャッシュ・フローが永久に続く場合の現在価値　27

3 資本コストと利益率　28

資本コストの意味　28／　源泉別資本コストの一般式　29／　加重平均資本コスト　30

第3章 ビジネス・ファイナンスの情報収集 … 33

1 ビジネス・ファイナンスの情報ニーズ　34

2 会計情報の有用性　35

iii

会計という用具　35／　会計の意味　36

　3　会計情報の入手方法　37
　　　代表的な決算書類　37／　決算書の入手可能性　39／　社内におけるニーズ　40

　4　会計情報の判読法　41
　　　ソニー㈱を事例にして　41

第4章　ビジネス・ファイナンスの情報分析　……………… 49

　1　ビジネス・ファイナンス情報の分析主体と客体　50
　2　決算書をデータ源としたビジネス・ファイナンスの情報分析　51
　　　支払能力の分析　53／　収益性の分析　55／　成長性の分析　57／　資金の回転効率（期間）の分析　58／　生産性の分析　59／　分配性の分析　60／　株式評価の指標　61／　その他の指標　64

第5章　ビジネス・ファイナンスの情報分析・統合と企業評価　… 67

　1　ビジネス・ファイナンスの情報分析から統合へ　68
　2　ビジネス・ファイナンス分析指標の発展・経緯　69
　　　デュポン社のROI　69／　交叉分析の意味と付加価値　70／　ウォールの指数法　71／　統計学的分析手法の適用　72

　3　企業の格付け評価（ランキング）とその今後　74
　　　債券格付け　74／　IRの重要性　76

第6章　ビジネス・ファイナンスのセグメント別情報分析　……… 79

　1　企業外部者によるセグメント別情報分析　80
　　　ビジネス・ユニットごとの分析　80／　セグメント別外部分析へのニーズ　80

　2　企業内部者によるセグメント別情報分析　83
　　　分権的組織の一般化　83／　分権的組織の問題点の解消　83

　3　責任会計システムによるセグメント別情報分析　84

コスト・センターの情報分析　84／　収益センターの情報分析　87／　プロフィット・センターの情報分析　88／　インベストメント・センターの業績管理　90

第7章　ビジネス・ファイナンスの市場情報の収集と分析 …… 95

1　インターネットを利用した情報収集　96

官公庁関係　96／　取引所関係　98／　ポータルサイト・金融情報サイト提供データ　99

2　書籍・電子メディア　100

3　市場情報の分析　101

現在価値と将来価値　102／　ポートフォリオのリターンとリスク　104／　フロンティア曲線　105／　ベータの計算　106

補遺　ビジネス・ファイナンスの市場情報の収集と分析　109

A1.ダウンロードできるデータの形式と保存・読み込み　109／　A2.表計算ソフトの操作概略　111／　A3.グラフ機能によるフロンティア曲線の描画　113

第8章　ポートフォリオ選択理論 …… 117

1　リターンとリスク　118

2　分散投資　124

3　有効フロンティア　130

4　ポートフォリオ選択理論　132

第9章　CAPM（資本資産評価モデル） …… 137

1　安全資産と危険資産の有効フロンティア　138

2　2資産分離定理　140

3　資本資産評価モデル（CAPM）　141

4　株価の理論値　144

第10章　デリバティブ　……………………………………… 147

1　デリバティブの意味　148

デリバティブとは何か　148

2　フォワード・先物　149

フォワード・先物の定義・性質　149／　取引例　150／　先渡し・先物の評価　150／　裁定の概念　152

3　オプション　152

オプションの定義　152／　コール・オプションの例　153／　プット・オプションの例　155／　オプションを用いたヘッジの例　156／　オプションの評価〜2項モデル　156／　リスク中立確率　157／　オプションの評価〜ブラック・ショールズ・モデル　158／　プット・コール・パリティ　159

4　スワップ　160

スワップの性質　160／　金利スワップ　160／　通貨スワップ　162

第11章　資金調達の諸形態　……………………………………… 167

1　資金調達の意義　168

2　資金調達源泉の分類　168

外部資金調達と内部資金調達　168／　自己資本調達と他人資本調達　169

3　直接金融による調達　170

株式発行による調達　170／　社債発行による調達　174／　コマーシャルペーパーによる調達　175

4　間接金融による調達　176

5　企業間信用　177

6　内部資金調達　178

第12章　資本コストと資本構成　……………………………………… 181

1　資本コストと企業価値　182

2　資本コストの推定　182

基本公式　183／　負債のコスト　183／　優先株式の資本コスト　184／　普通株式の資本コストの推定　184／　留保利益の資本コスト　187

3　加重平均資本コスト　187

4　資本構成の決定　188

資本構成問題の理論的フレームワーク　188／　負債利用にともなう財務問題　189／　レバレッジ効果　190

5　モジリアーニ＝ミラー理論　191

MM理論の特徴　192／　MM命題　192／　MM命題の証明　195／　税制を考慮したMM理論　197／　倒産可能性と倒産コストの考慮　198

6　情報の不完全性の考慮　200

シグナリングとしての資金調達行動　201／　経営者のモラルハザード抑制機能としての負債調達　201／　負債利用によるエージェンシー・コスト　202／　間接金融とエージェンシー・コスト削減機能　203

第13章　投資意思決定──資本予算──　207

1　資本予算の意義　208

2　現在価値法と内部利益率法　209

現在価値法　209／　内部利益率法　210

3　投資案の順位づけ　211

4　その他の投資決定ルール　213

会計的投資利益率法　214／　回収期間法　214

5　税引後キャッシュ・フローの測定　215

6　不確実性下の投資決定　217

第14章　ビジネス・ファイナンスのトピックス　223

1　ストックオプション　224

ストックオプションの意味　224／　わが国におけるストックオプション制度　226／　ストックオプションのディスクロージャー　227

2 ベンチャーキャピタル　228

　ベンチャー企業とベンチャーキャピタル　228／　ベンチャーキャピタルの仕組み　230／　わが国のベンチャーキャピタル　232

3 企業合併・買収　233

　企業合併・買収の動機　234／　企業合併・買収の形態　235／　戦略的投資対象としてのM&A　236

4 配当政策　239

　MMによる配当政策論　239／　配当政策をめぐる諸問題　240／　わが国における配当政策　243

索　引 …………………………………………………………………… 247

第 1 章

ビジネス・ファイナンス……その意義と課題

本章のねらい

本書の基礎であり，ビジネス・ファイナンスを考えるためのいくつかの問題を取り扱う。本章を学習すると，以下のことが理解できるようになる。

① ビジネス・ファイナンスとは何か
② 株式会社におけるファイナンス
③ 財務諸表とファイナンスの関係
④ 企業目的としての利益最大化基準の問題点
⑤ 株価モデルと株主の富の最大化基準の意義

1 ファイナンスの意味

ファイナンスとは

　まず，ファイナンス（finance）という用語の意味を考えてみよう。ファイナンスは，日本語では「**財務**」とか「**金融**」というように訳されることが多い。このことからもわかるように，ファイナンスはお金の流れに関わる活動，すなわち「資金の循環に関わる活動」を意味するものと一般にとらえられている。

　この資金の循環活動の場をどうとらえるかによって，いろいろな学問領域が区別される。資金の循環をマクロ的な社会経済的視点から検討する場合，「**金融論**」という学問名称がつけられている。これに対して，ミクロ的に個々の経済主体の立場からお金の流れを検討することもできる。経済主体としては国，地方自治体，企業，個人などが考えられる。

　国や地方自治体のお金の流れに関する活動を検討するのが，「**財政学**」（public finance）である。そして，個人のお金の流れに関する活動は「**個人財務**」（personal finance）といわれ，アメリカでは非常に重視されている。しかし，わが国ではまだそれほど注目されてはいない。

　企業のお金の流れに関する活動は**企業財務**とか，**経営財務**といわれる。

図表1-1　ファイナンスの体系

社会経済的視点よりするファイナンス	⇒	金融論
個別主体的視点よりするファイナンス		
国家のファイナンス	⇒	財政学
企業のファイナンス	⇒	ビジネス・ファイナンス論
個人のファイナンス	⇒	個人財務論

通常，ファイナンスといった場合，企業のファイナンス，すなわちビジネス・ファイナンスのことを意味している。本書ではこの企業のファイナンスであるビジネス・ファイナンスを扱うが，ただファイナンスといった場合にはビジネス・ファイナンスを意味すると理解してもらいたい。

株式会社とは

ところで，企業といっても個人企業もあれば，会社企業もある。会社企業にも合名会社，合資会社，有限会社，株式会社がある。これらの企業のうちで，もっとも重要な企業の形態は，なんといっても**株式会社**である。私たちは，毎日の生活にあたり，いろいろな財貨やサービスを利用しているが，そうした財貨やサービスの大部分は，株式会社企業によって生み出されているといってよいだろう。株式会社こそ，日本といわず，資本主義経済を支えている会社形態である。したがって，企業財務の中心は株式会社のファイナンスになるので，本書では株式会社を前提としたビジネス・ファイナンスについて学習することにする。

株式会社は，**株主の地位**が株式という細分化された均等な割合的単位の形をとり，株主はその有する株式の**引受価額**（**出資額**）を限度とする出資義務を会社に対して負担する会社をいう。株式会社を他の会社形態と区別する特徴は，**株式**という制度と**有限責任**の制度である。

有限責任の制度というのは，株主はその保有している株式の引受価額以上の責任は負担しない制度のことをいう。会社がいかに損をしようが，借金の返済に困っていようが，株主は会社の損を埋めたり，借金返済をしたりするために，追加出資する必要がないのである。これに対して，**無限責任**というのは，債務者の全財産が債務の担保となることを意味する。

こうした特徴のある株式会社は，不特定多数の人から多額の資金を集めるのに，もっとも適しており，今日の大規模会社はほとんど株式会社

図表1-2　会社形態と構成社員との関係

会社形態	構成社員
合名会社	無限責任社員
合資会社	無限責任社員と有限責任社員
株式会社	有限責任社員
有限会社	有限責任社員

であるといってよい。株式会社は，資本金が最低1,000万円以上であることが要求される。

有限会社は，社員の総数が50人以下，資本金は300万円以上でなければならない。社員の責任は出資額を限度とする有限責任であるという点では株式会社と有限会社は同じであるが，有限会社は規模の小さな会社ということになる。

株式会社の場合，株主の数が10万人を越えている会社も少なくない。株式会社の所有者である株主の数が多くなってくると，株主が直接会社を経営するわけにはいかなくなり，会社の経営に関する専門的知識，技能，経験を備えた**専門家（専門経営者）**にその運営を任かさざるをえなくなる。株主は，株式会社の運営をその最高意思決定機関である株主総会を通じて，専門経営者の手に任せることになる。

会社の出資者と，それを運営する人が分かれていることを「**出資（所有）と経営の分離**」という。専門経営者は，株主から会社の経営を委託されているという関係にあることを理解することが重要である。

株式会社のファイナンス

株式会社（以下，会社または，企業という）の資金の循環活動を考えてみよう。株式会社がその活動を行なうにはお金（資金）が必要である。その資金は，株式を発行して株主から集めるほかに，金融機関などから

の借入や,債券の発行によるなど各種の方法により調達される。

どこから資金を調達するか,資金の調達の期間(たとえば,借入の期間)はどのくらいにすべきか,その資金調達のコストはいくらか,各種の資金調達方法による資金の最適調達割合というのがあるのだろうか,といったことが問題となる。これを「**資金調達決定**」という。

調達された資金は,企業内で設備の購入や原材料・商品の仕入れなどに運用される。企業はどのような設備を取得すべきなのか,その規模はどのくらいであるべきか,在庫に対する投資はどのくらいが望ましいのか,といった資金の運用の決定を「**投資決定**」という。

企業のお金の流れに関する活動は資金調達と運用に集約されるので,ファイナンスは企業の資金調達と運用に関する意思決定であるということができる。資金調達決定と資金運用決定(投資決定)のことを財務的決定ということもある。

ファイナンスと財務諸表

企業は損益計算書や貸借対照表といった**財務諸表**を作成する。損益計算書は,企業の一定期間の経営活動の成績を,貸借対照表は,一定期間末の財政状態をあらわす。財務諸表は,企業における資金の調達と運用の結果を示している書類である。すなわち,財務諸表はファイナンス活動の結果を示す。ファイナンス活動を写し出す書類が財務諸表である。

財務諸表は,企業活動を資金の流れという切り口から写し出したものである。しばしば写し出されたものは,写体(写像),もとになっている活動は,本体とよばれる。たとえば,地図は地球の表面を表す写体で,地球の表面が本体ということになる。地図から地球のある場所の表面はどうなっているのかがわかるように,財務諸表から企業活動がどのような状態であるかがわかるのである。

ファイナンスは,資金の調達と運用に関する意思決定であるが,この

ためには過去のファイナンス活動の結果がどうであったかを示す財務諸表が，ファイナンスの基礎として役立つ。過去の財務諸表を分析して，どこに問題があったかを解明することは，将来の意思決定のための有用な情報である。

　ファイナンスのために必要な情報である財務諸表については第3章でくわしく述べる。本書の第3章から第7章までは，ビジネス・ファイナンスに必要な各種の情報をどのようにして収集したらよいか，について述べる。その後の章で，資金調達と運用の意思決定について言及する。

2 ファイナンスの目的

意思決定のプロセス

　ファイナンスは，資金の調達と運用に関する意思決定であると述べた。そこで，意思決定は，どのようなプロセスからなるか，についてみてみると，おおよそつぎのようなステップからなる。

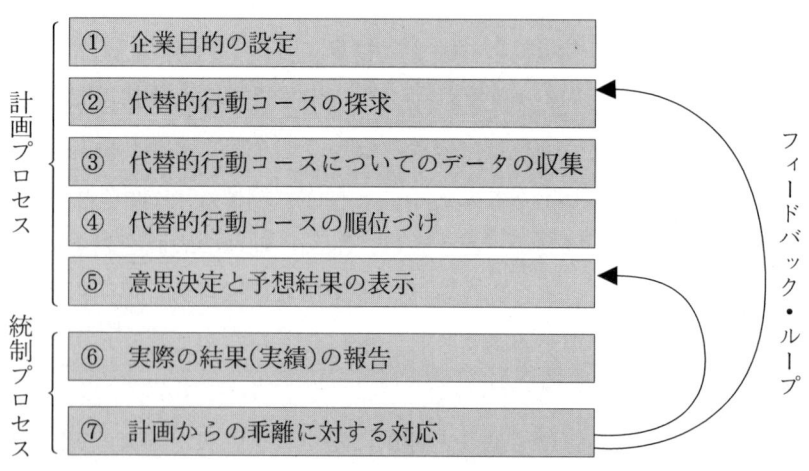

図表1−3　意思決定のプロセス

意思決定のプロセスは，①から⑤までの「**計画プロセス**」と⑥と⑦の「**統制プロセス**」からなる。計画プロセスは，2つ以上の代替案のなかから企業目的を達成するひとつを選択することに核心がある。

　実際の結果が計画どおりに進行するように，実際の業績が絶えずモニター（監視）される。このプロセスをコントロールという。コントロールするために，実績が定期的に実施の責任者に報告される。この際，計画どおりに進行していない場合には，なんらかの手を打たないと，計画が達成されないおそれがある。

　実績が計画された結果から乖離（かいり）している場合に，実績が計画に一致するように是正措置を講じたり，計画の修正を施したりするプロセスは，図表1－3のステップ⑦と②，およびステップ⑦と⑤を結ぶ矢印で示されている。これをフィードバック・ループという。

　ステップ⑦と②を結ぶフィードバック・ループは，計画が定期的に再検討され，もはや達成可能でない場合には，企業目標を達成するために代替的行動コースが考慮されねばならないことを示している。また，ステップ⑦と⑤を結ぶフィードバック・ループは実際の結果が計画に一致するように是正措置が講じられることを表している。このことから明らかなように，意思決定のプロセスは，ダイナミックで，相互に依存的である。

　意思決定プロセスのなかで重要なことは，企業の目的をどう設定するかである。そこで，財務的意思決定の場合について，この目的をどう設定するかについて考えてみよう。

企業目的としての利益最大化基準の問題点

　資金調達と資金運用の決定である財務的意思決定の目的は何かということが，問題になる。企業の目的と異なった財務的意思決定の目的というのはありえないから，結局**ファイナンスの目的**というのは，企業の目

的ということになる。

　一般に**企業の目的**は何か，または何であるべきかについては，これまでかなりの論争があった。経済学では利益の最大化が仮定されてきたが，これに対して企業は最大利益を追求するのではなく，ある満足する水準の利益を求めるという見解もある。

　また，企業の目的は，利益ではなく，売上高やマーケットシェア，成長率の最大化であるという見解もある。さらに，従業員の雇用の確保こそが企業の目的であるという人もあるかもしれない。しかし，かりに仕入値段より安い価格で販売し，売上高をのばし，マーケットシェアを拡大したとしても，損失を発生していると，仕入代金の支払いにも不自由し，結局倒産ということになってしまう。

　利益を無視した売上高やマーケットシェアの拡大は，意味がなく，雇用の確保には企業が利益をあげていることが前提となる。したがって，企業の目的を利益の最大化であるとする見解は理解できるところである。

　しかしながら，**利益の最大化**を企業の目的として財務的意思決定の判断基準とすることには，つぎにあげるような問題がある。

　① 利益の最大化という概念は，あいまいということである。利益といっても短期的利益を意味しているのか，長期的利益を意味しているのか，あいまいである。また，利益額の最大化なのか，利益率の最大化なのか，という問題もある。利益は，会計上の利益なのか，経済学上の利益なのか，あいまいである。

　また，**会計上の利益**の額は，会計手続きにより左右される。たとえば，減価償却方法として定額法を用いるか，定率法を用いるかにより，利益額は異なるが，いかなる手続きによって利益を最大化しようとするのか，あいまいである。

　② 利益の最大化は，資金を入手する時点を無視している。いま，2つの代替案が提案されているとする。A案は現在（ゼロ時点という）1

億円を投資して，1年後に8,000万円，2年後に4,000万円をもたらすというものである。そして，B案は，現在1億円を投資して1年後に4,000万円，2年後に8,000万円をもたらすというものである。A案，B案とも3年目以降はゼロである。

図表1－4　効果の発生パターンが異なる投資案

年度 案	0	1	2
A案	－10,000万円	8,000万円	4,000万円
B案	－10,000万円	4,000万円	8,000万円

　会社は，ひとつだけしか選択できないとすると，どちらの案を選択すべきか。利益の最大化ということになると，どちらの案も1億円を投資して1億2千万円がもたらされることになり，A案とB案は利益の最大化という判断基準では，同等に望ましい案になる。読者がA案とB案を提示されたとすれば，どちらを選ぶか。

　B案を選択した読者に対してはつぎのような質問をしたいと思う。とても奇特な人がいて，「新年にあたりお小遣いとしてあなたに100万円を差しあげようか，それとも今年のクリスマスに100万円を差しあげようか，どちらにするか」といわれたとする。あなたは，お正月の100万円を選ぶか，それともクリスマスの100万円を選ぶか。

　この質問に対して，読者はお正月に100万円をもらうほうを選ぶと思う。それはお正月の100万円は郵便局に預ければ，クリスマスまでには100万円を上回る額になるからである。いまの100万円は1年後の100万円より価値がある。1年後の100万円は，いまの価値に直すと，100万円を下回ることになる。

　将来の金額をいま（現在）の価値に直した金額のことを「**現在価値**」

という。この現在価値については，第2章でくわしく述べる。1年後の100万円の現在価値は，100万円を下回る。これは，貨幣には，**時間価値**があるということである。

　貨幣の時間価値を考慮すれば，うえのA案とB案についていうと，A案を選択するのが，当然ということになる。したがって，意思決定の判断基準は，こうした貨幣の時間価値を考慮に入れることが必要になる。

　③　利益の最大化基準は，代替案にみられるリスクの差を考慮していないという問題点がある。つぎのC案とD案を考えてみる。

図表1－5　リスクの異なる投資案

年度	0	1
C案	－100	140
D案	－100	200（0.5） 80（0.5）

　C案は，いま100投資して，1年後に140が確実にもたらされるという案である。これに対して，D案は，いま100投資して，1年後に200か，または80のどちらかがもたらされ，その可能性は5分5分であるという状況である。このように確定した結果が得られない状況を「**リスク**」があるという。

　このリスクがある状況は，平均を取ると140ということになるから，D案も100投資して1年後に140がもたらされる案ということもできる。賭事の好きな人ならばD案を選ぶかもしれないが，企業経営を預かる経営者は同じ収益ならばリスクを回避するほうを選ぶであろう。

　これは，たとえばいま投資する100が金融機関からの1年間の借入であったとすると，1年後に80しかもたらされない結果が生じたときには，金融機関に対する返済すらできない大変危険な状態になってしまうから

である。危険回避者は，同じ収益であるならば，リスクの少ない案に対して高い価値を付与することになるが，このようなリスクを明示的に考慮する基準が望まれる。

企業目的としての株主の富の最大化

ファイナンスの分野で一般にとられている企業の目的は，「**株主の富の最大化**」である。

すでに述べたように，株式会社の所有者は株主である。所有者たる株主になんの便益ももたらさないのであれば，それが存在している理由はない。したがって，株主に最大の便益をもたらすような代替案が選択されるべきである。株主の便益を測定する尺度として，株主の富がとられる。

富とは，「**消費できる力**」と定義されるが，簡単にいえばお金，現金（キャッシュ）といってよい。したがって，株主の富の最大化とは，株主に帰属する将来の**現金の流列（キャッシュ・フロー）**を最大化することである。すでに述べたように，貨幣には時間価値があるので，将来の現金の流列を最大化するためには，将来の各時点の現金の現在価値を求め，この現在価値の合計額が最大になるようにすればよいということになる。株主の富の最大化とは，株主に帰属する将来のキャッシュ・フローの流列の現在価値の合計を最大化することになる。

株主に帰属する将来のキャッシュ・フローの流列とは，具体的には株主に対して支払われる将来の現金配当（単に配当という）の流列である。そこで，企業の目的は，将来の配当の流列の現在価値の最大化となる。株価は，理論的には将来の1株当たり配当額の流列の現在価値により求められるので，企業の目的は株価の最大化ともいえる。

また，株価に発行済株式数を乗じた積（株価×発行済株式数）は，**株式価値**（または自己資本価値）を表すので，企業の目的は，自己資本価

値の最大化であるともいえる。したがって，株主の富の最大化，株主に帰属するキャッシュ・フローの現在価値の最大化，将来の配当流列の現在価値の最大化，株価の最大化，自己資本価値の最大化は，すべて同じ意味となる。

将来の配当の流列の時間的差異は，現在価値に割り引くことによって考慮される。また，将来の配当の流列は，確実には予測されず，リスクにゆだねられている。このリスクは，たとえば，現在価値を求める際の割引率を高めるなどして，分析に明示的に組み入れられる。

3 株式評価(株価)モデル

財務的意思決定の目的は，株主の富の最大化であり，株価は将来の配当の流列の現在価値であると述べた。しかし，ここでいう株主とは，**普通株の株主（普通株主）**のことであり，株価とは，普通株の株価のことである。

いま，ある株式を購入し，1年後に売却しようと考えている。この株式の現在の株価はP_0で，1年後の株価はP_1である。そして，この間に配当D_1を受け取ることができると予想している。この株式を1年間保有することの利益率rは，

$$r = \frac{D_1 + (P_1 - P_0)}{P_0}$$

となる。D_1をインカム・ゲイン，$P_1 - P_0$をキャピタル・ゲインということもある。この式から，P_0を求める式に直すと，

$$P_0 = \frac{D_1}{(1+r)} + \frac{P_1}{(1+r)}$$

となる。すなわち，現在の株価は，1期後の配当と1期後の株価を利益率rで割り引いた現在価値となる。ところが，1期後の株価（P_1）は，

2期後の配当と2期後の株価により決定される。すなわち,

$$P_1 = \frac{D_2}{(1+r)} + \frac{P_2}{(1+r)}$$

となる。したがって

$$P_0 = \frac{D_1}{(1+r)} + \frac{D_2}{(1+r)^2} + \frac{P_2}{(1+r)^2}$$

となる。2期後の株価は,3期後の配当と3期後の株価により決定される。3期後の株価は,という具合にこのプロセスを続ければ,

$$P_0 = \frac{D_1}{(1+r)} + \frac{D_2}{(1+r)^2} + \cdots\cdots + \frac{D_n}{(1+r)^n} + \cdots\cdots$$

$$= \sum_{t=1}^{\infty} \frac{D_t}{(1+r)^t}$$

となり,現在の株価は将来の配当の流列の現在価値であるという配当割引モデルが得られる。ここで,将来の配当の流列は,不確実である。この不確実性を反映させるひとつの方法は,不確実性を反映した割引率を用いることである。

経営者と株主の利害

　企業の資金調達決定や投資決定を行なう場合の判断基準として,株主の富の最大化が用いられるべきことを述べたが,資本と経営が分離している株式会社において,こうした財務的意思決定を行なうのは,**経営者**である。

　経営者が本当に株主の富を最大にするような決定を行なうだろうか,という疑問をもたれるかもしれない。経営者は彼ら自身の目的をもっており,その目的を達成するように行動する。

　株主の立場からすれば,不必要と思われるような広大な社長室と高価

な社長車，社用と称したゴルフや飲食などみずからの楽しみのために，都合の良い決定をしているかもしれない。社用と称したゴルフや飲食をどのくらいしているかなど株主はわからないし，経営者はそのような情報を株主に開示することもない。

　要するに，経営者はみずからの企業について十分な情報をもっているが，株主はきわめて限られた情報しか保有していないのが実情である。そのため株主は，経営者が自分たちに便益をもたらすような決定を行なっているかどうか不安に思うであろう。

　経営者が株主の利益にかなうような行動をとるようにさせるメカニズムとしては，つぎのことがあげられる。

① 解雇の脅威
② 乗っ取りの脅威
③ 経営者を動機づける適切な措置

　経営者がみずからの利益を追求して，株主の利益を損なうような行動をとっている場合，株主には経営者を任免する権限があるので，株主の利益に添わない経営者を解雇することが可能である。その意味で，あまりに自己の利益を追求している経営者は，早晩，株主によって交替させられる脅威がある。そこで，あまりに株主の利益を無視した行動はとりにくいものと思われる。

　2つ目は乗っ取りの脅威である。この乗っ取りは，株価の最大化という目的を無視した非効率的な意思決定を行なっていることにより，企業の株式がその潜在力と比較して過小評価されている場合に起こりやすい。乗っ取りをされると，乗っ取られた企業の経営者は，一般に解雇され，かりに解雇されないとしても，以前有していたような企業としての自立性は失われる。そこで乗っ取りを避けるために，経営者は株価を最大にするような行動をとろうとする。

　第3の経営者を動機づける適切な措置というのは，経営者に株価を最

大にさせるように動機づける仕組みを提供することである。そのひとつは，**ストックオプション**という制度で，経営者にある特定の株価である一定数の株式を購入する権利を与えることである。

たとえば，株価は現在1,000円であるが，経営者に1株1,100円で100万株購入する権利を与えると，株価を最大化するような決定を行ない，株価が1,100円を上回り，1,200円になったとすると，経営者は100万株を1株1,100円で購入して1,200円で売却できる。そこで，1億円の利益を得ることができる。

株価が上昇することは，株主の自己資本価値も上昇するので，株主にとっても経営者にとっても望ましいことである。このように，経営者に株主と同じ目的を志向させるような仕組みが，アメリカでは盛んに行なわれている。アメリカの経営者の所得のかなりの部分は，ストックオプションによるともいわれている。

《参考文献》

大塚宗春『現代ファイナンス入門』放送大学教育振興会，2000年
古川浩一・峰谷豊彦・中里宗敬・今井潤一『基礎からのコーポレート・ファイナンス』中央経済社，1999年
仁科一彦『企業財務』（日経文庫），日本経済新聞社，1986年
井出正介・高橋文郎『経営財務入門』日本経済新聞社，2000年

《いっそう学習（や研究）をすすめるために》

諸井勝之助『経営財務講義 第2版』東京大学出版会，1989年
　ビジネス・ファイナンス，経営財務の基礎から発展までをくわしく述べた定評ある教科書。出版されてから時間がたっているが，少しも古さを感じさせるところがない。一読を勧める。

エズラ・ソロモン著，古川栄一監修，別府祐弘訳『ソロモン財務管理論』同文舘，1971年

投資決定と調達決定を中心に進める現代の財務管理論の基礎を築いた名著の翻訳。若干難解なところもあるが，挑戦してみてはいかが。

《レビュー・アンド・トライ・クエスチョンズ》

問題1　つぎの意思決定が投資意思決定の場合にはA，調達決定の場合にはBを（　）内に記入せよ。
① 新株発行の意思決定（　　）
② 銀行からの借入の決定（　　）
③ 他企業の株式購入決定（　　）
④ 社債の発行決定（　　）
⑤ 工場新設の決定（　　）

問題2　つぎの文のうち正しいものには○，間違っているものには×を（　）内につけよ。
① ファイナンスは資金の調達と運用にかかわるので，貸借対照表を作成する会計学と同じである。（　　）
② ファイナンスの分野では，企業の目的は株主の富の最大化ととらえられている。（　　）
③ ファイナンスでは，リスクかリターンのいずれかに注目すればよく，リスクに注目する理論が最近の傾向である。（　　）
④ ストックオプションは経営者に株主の目的に従う行動を取らせようとする方策のひとつである。（　　）
⑤ 株主は債務者に対して無限の責任を負っている。（　　）

第 2 章

ビジネス・ファイナンスの基礎的概念

本章のねらい

この章では第 1 章につづき，ビジネス・ファイナンスの基礎的概念を取り上げて説明する。それらは，もっともよく使われる用語です。本章を学習すると，以下のことが理解できるようになる。

① キャッシュ・フローという概念
② 将来価値と現在価値の考え方
③ 利益率と資本コストという概念

1 キャッシュ・フロー

キャッシュ・フローの意味

　キャッシュ・フローとは，現金の流れのことであり，現金の流入額である「**キャッシュ・インフロー**」から現金流出額である「**キャッシュ・アウトフロー**」を控除して求められる。

　キャッシュ・フロー＝現金流入額－現金流出額

　なぜ，キャッシュ・フローを問題としなければならないのか。企業の経営活動の結果は，財務諸表によって示される。すなわち一会計期間の経営成績は，損益計算書によって示され，会計期末の財政状態は貸借対照表によって明らかにされる。

　企業の経営成績を表す損益計算書に示される利益は収益から費用を控除して求められる。企業会計における収益と費用は，「**発生主義会計**」によって把握され，収益の額と現金流入額とはイコールではないし，また，費用の額は現金流出額とイコールではない。このことは，たとえば，商品を掛け（代金後払い）で売った場合を考えると，わかりやすい。

　商品を掛けで売った段階で，売上収益が計上されるが，代金の回収が翌期になるとすれば，その商品の掛売りは今期の利益を増加させるが，今期のキャッシュ・フローを増加させることはない。固定資産（建物）を現金で購入した時に，現金の流出はあるが，これは現金という資産が建物という固定資産に変わっただけであって，収益・費用は発生しない。

　固定資産は，減価償却という手続きを通じて費用化される。年々の減価償却費は費用として認識されるが，現金の流出はない。このように，収益と現金流入額は異なるし，費用と現金流出額も異なる。

　したがって，収益から費用を控除した結果である利益が計上されても，

利益の額だけの現金があるということを意味しているわけでない。「**勘定あって銭（ぜに）足らず**」とか，「**黒字倒産**」といった言葉は，このことを表している。

企業会計の世界では，企業活動の業績を表す利益という用語が，重要である。しかし，キャッシュの意義についても認識されるようになり，企業の資金繰りの状況を表すキャッシュ・フロー計算書が，近年，財務諸表のひとつとして作成されるようになった。

ビジネス・ファイナンスの世界では，利益という概念よりもキャッシュという概念のほうが重要である。それは，ビジネス・ファイナンスはもともと資金の流れを問題とする学問であることからも明らかである。

キャッシュ・フロー計算書

一会計期間のキャッシュ・フローの状況は，キャッシュ・フロー計算書によって明らかにされる。この**キャッシュ・フロー計算書**は，一会計期間におけるキャッシュ・フローの状況を一定の活動区分別に，すなわち，営業活動によるキャッシュ・フロー，投資活動によるキャッシュ・フロー，および財務活動によるキャッシュ・フローの3つに分けて表示する。

営業活動からのキャッシュ・フローから，現行の事業活動を維持するための投資活動に使われるキャッシュ・フローをひいて計算されるキャッシュ・フローは，「**フリーキャッシュ・フロー**」とよばれる。フリーキャッシュ・フローは，企業が将来の企業価値増大のために自由に使うことができるキャッシュ・フローであり，企業価値の増大のための源泉と考えることができる。

フリーキャッシュ・フローが生み出されれば，将来の成長のための設備投資を行なうこともできるし，財務体質の改善にも株主への配当や自社株の取得による株主還元もできるからである。キャッシュ・フロー計

算書の標準的様式として，ソニーのキャッシュ・フロー計算書が第3章で示されているので，参照されたい。

キャッシュ・フロー計算の簡便法

キャッシュ・フローの計算は本来的にはすでに述べたように計算しなければならないが，ファイナンスの世界では簡便的に以下の式で計算されることがある。

キャッシュ・フロー＝利益＋減価償却費

これは，つぎのような考え方によるものである。

利益＝収益－費用

である。いま，典型的な収益である売上収益を考えてみると，掛売りのように，売り上げた段階で現金収入がないこともある。しかし，この場合であっても，売り上げてから何年も先に回収されるということを想定しているのではなく，2，3ヵ月程度で回収されることを前提として掛売りしている。

そこで，掛売りであるとしても，現金入金時点は，売りあげ時点とそれほど大きく変わらないとする。そこで，「売上げ＝現金収入」，すなわち「収益＝現金収入」と仮定できる。

つぎに，費用であるが，費用のなかには，人件費のように，現金支出を必要とする費用と，減価償却費のように，現金支出を必要としないものに分けられる。現金支出を必要とする費用の計上時点と実際の現金支出時点は，必ずしも同一時点ではないとしても，それほど異ならないと仮定すると，「現金支出を必要とする費用＝現金流出額」となる。

現金支出を必要としない費用の代表として，減価償却費をあげている。しかし，現金支出を必要としない費用が，ほかにもあればその費用もここには含まれる。したがって，以下となる。

利益＝収益－費用

＝現金流入額−｛現金支出を必要とする費用＋現金支出を必要と
　　しない費用｝
　＝現金流入額−｛現金流出額＋減価償却費｝
つまり，以下の関係が得られる。
キャッシュ・フロー＝現金流入額−現金流出額
　　　　　　　　　＝利益＋減価償却費

資金の時間価値

将来価値と現在価値

　資金の**時間価値**（time value of money）というのは，現在の1万円と1年後の1万円は，同じ価値ではないということである。インフレやデフレはないとした場合でも，現在の1万円と1年後の1万円のどちらを選ぶかと問われれば，誰でも現在の1万円を選ぶだろう。
　それは，現在1万円をもらえれば，これを郵便局などで確実に運用すれば，1年後には少なくとも1万円を上回るからである。かりにこの運用の**利子率**を5％とすると，いまの1万円は1年後には，以下となる。
　10,000×（1＋0.05）＝10,500
　この10,500円をさらに1年間預けると，2年後には，以下となる。
　10,500×（1＋0.05）＝11,025円
　すなわち，いまの10,000円の1年後の価値は，10,500円であり，2年後の価値は11,025円である。このように現在のある金額の将来の価値を**将来価値**（future value）という。現在の10,000円の2年後の将来価値は，11,025円であるというような言い方をする。
　この計算では，元本である現在の10,000円は，1年後には10,500円，すなわち**元本**10,000円＋**利息**500円＝10,500円になる。元本10,000円に利

息の500円も含めてさらに1年間預けると，11,025円になるわけである。このように利息が，さらに利息を生むような運用の仕方を**複利**という。複利で運用されると，現在の10,000円の2年後の将来価値は，以下となる。

$$10,000\times(1+0.05)\times(1+0.05)=10,000\times(1+0.05)^2$$
$$=11,025$$

3年後の将来価値は以下となる。

$$11,025\times(1+0.05)=10,000\times(1+0.05)^2\times(1+0.05)$$
$$=10,000\times(1+0.05)^3$$

このことから，現在の金額A円のn年後の将来価値（F_n）は，利子率をiとすると，一般につぎのようになる。

$$F_n=A(1+i)^n$$

たとえば，子供が誕生したときに成人するまでということで100万円を預けるとすると，その将来価値は，利子率を5％とすると，以下となる。

$$100\,(1+0.05)^{20}=255.32977万円$$

このことは，利子率が5％という状況下では，現在の100万円と20年後の255.3万円が同じ価値をもつということである。

つぎに，1年後の10,500円は現在の価値に直すと，どれだけになるだろうか。さきの計算では，現在の10,000円が1年後には10,500円になることがわかった。したがって，1年後の10,500円は現在では10,000円の価値があるということができる。

将来の金額の現在の価値は**現在価値**（present value）とよばれる。1年後の10,500円の現在価値はさきの計算を逆にすることによって求められる。将来の金額の現在価値を求めるプロセスを**割り引く**（discount）という。利子率を5％とすると，以下が求められる。

$$\frac{10{,}500}{(1+0.05)} = 10{,}000$$

また，2年後の11,025円の現在価値は以下となる。

$$\frac{11{,}025}{(1+0.05)^2} = 10{,}000$$

一般に，n年後のF_n円の現在価値（PV）は，1期間の利子率をiとすると，以下の式によって求められる。

$$PV = \frac{F_n}{(1+i)^n}$$

現在価値を求めるために使われる利子率iのことを割引率という。各種のiとnの値の組合せを与えた場合の

$$\frac{1}{(1+i)^n}$$

の値を示した表は，**複利現価係数表**とよばれている。図表2－1がこれである。たとえば，5年後の100万円の現在価値は割引率を5％とすると，

1,000,000×0.784＝784,000円

と，簡単に求められる。

図表2－1　複利現価係数表

$= 1/(1+i)^n$

n \ i	1%	2%	3%	4%	5%	7%	9%	10%	15%	20%
1	0.990	0.980	0.971	0.962	0.952	0.935	0.917	0.909	0.870	0.833
2	0.980	0.961	0.943	0.925	0.907	0.873	0.842	0.826	0.756	0.694
3	0.971	0.942	0.915	0.889	0.864	0.816	0.772	0.751	0.658	0.579
4	0.961	0.924	0.888	0.855	0.823	0.763	0.708	0.683	0.572	0.482
5	0.951	0.906	0.863	0.822	0.784	0.713	0.650	0.621	0.497	0.402
6	0.942	0.888	0.837	0.790	0.746	0.666	0.596	0.564	0.432	0.335
7	0.933	0.871	0.813	0.760	0.711	0.623	0.547	0.513	0.376	0.279
8	0.923	0.853	0.789	0.731	0.677	0.582	0.502	0.467	0.327	0.233
9	0.914	0.837	0.766	0.703	0.645	0.544	0.460	0.424	0.284	0.194
10	0.905	0.820	0.744	0.676	0.614	0.508	0.422	0.386	0.247	0.162
15	0.861	0.743	0.642	0.555	0.481	0.362	0.275	0.239	0.123	0.065
20	0.820	0.673	0.554	0.456	0.377	0.258	0.178	0.149	0.061	0.026
25	0.780	0.610	0.478	0.375	0.295	0.184	0.116	0.092	0.030	0.010
30	0.742	0.552	0.412	0.308	0.231	0.131	0.075	0.057	0.015	0.004
40	0.672	0.453	0.307	0.208	0.142	0.067	0.032	0.022	0.004	0.001

多(複数)期間にわたるキャッシュ・フローの現在価値

キャッシュ・フローが,将来,多(複数)期間にわたり発生する場合の現在価値は,それぞれのキャッシュ・フローの現在価値の合計となる。

たとえば,1年後と2年後に,それぞれ30万円と40万円を生みだす投資の現在価値は,割引率を5%とすると,つぎのようになる。

$$PV = \frac{30}{(1+0.05)} + \frac{40}{(1+0.05)^2} = 64.85$$

1年後の30万円の現在価値　　$30 \div (1+0.05) = 28.56$
2年後の40万円の現在価値　　$40 \div (1+0.05)^2 = \underline{36.28}$
　　　　　　　　　　　　　　　　　　　　　64.84

一般に多期間にわたるキャッシュ・フロー(C_1,C_2……,C_n)の現在価値(PV)は,つぎのようになる。

$$PV = \frac{C_1}{(1+i)} + \frac{C_2}{(1+i)^2} + \cdots\cdots + \frac{C_n}{(1+i)^n}$$

<例>　あなたはいま,営業用の小型トラックを購入することを考慮中であるとする。販売店に交渉すると,2つの支払方法があるということである。ひとつは,180万円即金で払う方法である。いまひとつは,頭金85万円をいま支払い,さらに1年後に50万円,2年後に50万円を払うというものである。あなたはどちらを選択するか。ただし,あなたが確実に運用できる利率は5%であるとする。

頭金85万円を支払い,さらに50万円ずつ2年間にわたり支払う方法の現在価値は,つぎのように計算される。

頭金	85	=	85
1年後の支払い	50×0.952	=	47.6
2年後の支払い	50×0.907	=	45.35
		合計	177.95

ここでは，支払い金額が問題とされているので，支払い金額は少ないほうが望ましいことになる。したがって，頭金85万円，1年後に50万円，2年後に50万円支払うほうが現在価値は小さいので，こちらのほうを選ぶ。

年金現価

いま，ある投資をすると，そこから3年間にわたり毎年100万円がもたらされるとする。すなわち1年後，2年後，3年後に，それぞれ100万円が，もたらされる。これを，つぎのように書くことにする。

年度	1	2	3
	100	100	100

これまで学んだように，1年後，2年後，3年後にそれぞれ100万円をもたらす投資の現在価値は，割引率を5％とすると，以下となる。

$$PV = \frac{100}{(1+0.05)} + \frac{100}{(1+0.05)^2} + \frac{100}{(1+0.05)^3}$$

年度	0（現時点）	1	2	3
		100	100	100
	95.2			
	90.7			
	86.4			
合計	272.3			

したがって，毎年100万円を3年間にわたりもたらす投資案の現在価値の合計は，272.3万円と計算される。

毎年（または一定の間隔ごとに）同じ金額（上記の例では100万円）を一定の間（うえの例では3年間）受け取る場合，この将来の受取額の現在価値の合計額を**年金現価**という。したがって，上記の例は，「3年間毎年100万円ずつ受け取る金額の年金現価は，272.3万円」ということにな

る。

$$\frac{100}{(1+0.05)}+\frac{100}{(1+0.05)^2}+\frac{100}{(1+0.05)^3}$$

$$=100\times\left\{\frac{1}{(1+0.05)}+\frac{1}{(1+0.05)^2}+\frac{1}{(1+0.05)^3}\right\}$$

　この式のカッコのなかの値は，毎年1円を3年間受け取るときの年金現価である。それは，**年金現価係数**といわれている。一般に，利子率をi％とし，期間をn年とした場合の年金現価係数は，以下のように計算される。

$$\frac{1}{(1+i)}+\frac{1}{(1+i)^2}+\cdots\cdots\frac{1}{(1+i)^n}=\frac{(1+i)^n-1}{i(1+i)^n}=\frac{1-(1+i)^{-n}}{i}$$

　このiとnに各種の値を入れ，それを表にしたものが，**年金現価係数表**とよばれており，図表2－2がそれである。3年間，毎年100万円の流列の現在価値は，年金現価係数表を使うと，5％，3年間の年金現価係数は2.723である。そこで，これに100万円を掛けると，272.3万円と簡単に求めることができる。

図表2－2　年金現価係数表

$= (1+i)^n-1/i(1+i)^n$

n＼i	1%	2%	3%	4%	5%	7%	9%	10%	15%	20%
1	0.990	0.980	0.971	0.962	0.952	0.935	0.917	0.909	0.870	0.833
2	1.970	1.942	1.913	1.886	1.859	1.808	1.759	1.736	1.626	1.528
3	2.941	2.884	2.829	2.775	2.723	2.624	2.531	2.487	2.283	2.106
4	3.902	3.808	3.717	3.630	3.546	3.387	3.240	3.170	2.855	2.589
5	4.853	4.713	4.580	4.452	4.329	4.100	3.890	3.791	3.352	2.991
6	5.795	5.601	5.417	5.242	5.076	4.767	4.486	4.355	3.784	3.326
7	6.728	6.472	6.230	6.002	5.786	5.389	5.033	4.868	4.160	3.605
8	7.652	7.325	7.020	6.733	6.463	5.971	5.535	5.335	4.487	3.837
9	8.566	8.162	7.786	7.435	7.108	6.515	5.995	5.759	4.772	4.031
10	9.471	8.983	8.530	8.111	7.722	7.024	6.418	6.145	5.019	4.192
15	13.865	12.849	11.938	11.118	10.380	9.108	8.061	7.606	5.847	4.675
20	18.046	16.351	14.877	13.590	12.462	10.594	9.129	8.514	6.259	4.870
25	22.023	19.523	17.413	15.622	14.094	11.654	9.823	9.077	6.464	4.948
30	25.808	22.396	19.600	17.292	15.372	12.409	10.274	9.427	6.566	4.979
40	32.835	27.355	23.115	19.793	17.159	13.332	10.757	9.779	6.642	4.997

<例> あなたは新しいマンションの購入を考慮中である。あなたが希望するマンションの価格は3,500万円である。自己資金が500万円あるので，3,000万円のローンをしたいと考えている。これを20年間で均等額返済するとすれば，毎年の返済額がどのくらいになるか計算せよ。ただし，金利は5％とする。

将来の均等支払額を x とすると，その年金現価が3,000万円であるということである。したがって，つぎの式のようになる。

$$3{,}000 = \frac{x}{(1+0.05)} + \frac{x}{(1+0.05)^2} + \cdots\cdots + \frac{x}{(1+0.05)^{20}}$$

$$= x\left\{\frac{1}{(1+0.05)} + \frac{1}{(1+0.05)^2} + \cdots\cdots + \frac{1}{(1+0.05)^{20}}\right\}$$

20年間5％の年金現価係数は，12.462であるので，x は3,000÷12.462＝240.7318となり，毎年返済する均等額は，2,407,318円となる。

一定額のキャッシュ・フローが永久に続く場合の現在価値

毎年（または一定の間隔ごとに）同じ金額を永久に受け取る場合，その将来の受取額の現在価値の合計は，一定額を C，割引率を i とすると，つぎのようになる。

$$\mathrm{PV} = \frac{C}{(1+i)} + \frac{C}{(1+i)^2} + \frac{C}{(1+i)^3} + \cdots\cdots = \frac{C}{i}$$

このように一定額が永久に続く場合，その現在価値は大変簡単な式になるが，分母が $(1+i)$ でなくて，i であることに注意しなければならない。たとえば，あなたが毎年100万円を永久にもらえる永久年金を受給できるとする。その現在価値は，割引率を5％とすると以下となる。

$$\mathrm{PV} = 100 \div 0.05 = 2{,}000$$

英国政府が発行する**コンソル**（consols）とよばれる永久債は，債券所有者に毎年一定額を永久に提供する。たとえば，毎年£4を永久に支

払う**永久債コンソル**が，£48で売られているとすると，利子率はつぎのようになる。

$48 = 4/i$

$i = 8.333\%$

3 資本コストと利益率

資本コストの意味

すでに述べたように，ファイナンスは資金の流れ，すなわち資金をいかに調達し，それをいかに運用するかを問題とする。ここで，調達した資金を運用するとき，どのくらいの収益性があれば資金を投下していいのか，を判断する基準が必要となる。

資金は，ただではないので，資金を運用するときにはコストがかかるということはわかるだろう。そこで，資金を運用するときにその運用から要求される最小限度の利益率，すなわち最低利益率のことを「**資本コスト**」という。ファイナンスの世界では利益率よりも資本コストという用語がよく用いられる。

企業が，資金を設備投資に向けようと考えているとしよう。たまたま，金融機関から低い金利（たとえば，3％）で資金を調達できたので，今回の設備投資は3.1％の利益率という低い収益性であるが，借入金の調達コストを上回っているからOKであるということにしたとしよう。

つぎに，新しい設備に投資をしようとしたが，今回は金融機関の低利の融資枠は使いきったので，低い金利の資金は利用できなくなり，5％のコストの資金を利用せざるをえないとする。いま考えている設備投資の利益率は，5％を若干下回る程度とする。前回の3.1％の設備投資案が採択され，今回の5％を若干下回る投資案が却下されるとしたら，企

業は最適な行動をしているとはいえないだろう。

　資金の運用を決定する資本コストというのは，企業全体として資金の運用に対して要求される「最低の利益率」であるということである。いま資本コストが4％であったとすれば，前回の設備投資案は却下され，今回の設備投資案は採択されることになる。資金の運用に対して要求される資本コストは加重平均資本コストといわれる。

　これに対して，個々の資金調達源泉の資本コストは**源泉別資本コスト**という。加重平均資本コストを求めるには，まず源泉別資本コストを求めなければならない。以下では，源泉別資本コストの求め方から説明しよう。

源泉別資本コストの一般式

　資本コストは，「**支出原価**」としての資本コストと「**機会原価**」としての資本コストに分類される。支出原価としての資本コストは，資金調達にともなって将来発生する現金支出額にもとづいて算定される。そして，機会原価としての資本コストは，資金の利用にともなって現金支出はなくても算定される。資金を特定の投資案に投下することは，他の代替案への利用が断念されることを意味する。

　他のもっと有利な代替案に利用したならば得られたであろう利益率が，資本コストとしてかかってくる。これが，機会原価としての資本コストである。投資案の採否の決定のために用いられる資本コストは，機会原価としての資本コストである。現金支出がないから，資本コストはゼロであるというのは，機会原価としての資本コストからみて間違っている。

　資金を調達したことの対価として，将来，現金を支払わなければならないような支出原価がある場合には，その資金調達源泉の資本コストは，一般につぎの式により求められる。

$$I = \sum C_t / (1+k)^t$$

ただし，Iは，資金調達源泉の市場価値，C_tは，t年度に支払うキャッシュ・フロー，kは，求める資本コストである。すなわち，源泉別資本コストは，将来支払うキャッシュ・フローの現在価値を資金調達源泉の現時点の市場価値と等しくさせるような割引率である。

たとえば，借入金の資本コストを求めてみる。100億円を借り入れ，10年間にわたり毎年15億円ずつ返済する契約を結んだとすると，この借入金の資本コストはいくらか。関係する数値を一般式に代入すれば，容易に求められる。

$$100 = \sum_{t=1}^{10} 15 / (1+k)^t$$

このkの求め方は，第10章で詳述する内部利益率法での**内部利益率**の求め方と同じであり，試行錯誤法によっている。ここでは，毎年の現金支出額が同一であるので，年金現価係数表を用いて求めることができ，約8％強である。

加重平均資本コスト

加重平均資本コストは，源泉別資本コストを「ある資本構成比率」で加重平均することにより求められる。ここで，ある比率とは，市場価値で測定した現在の資本構成の割合をいう。

資本調達源泉としてA，Bがあり，それぞれの源泉別資本コストがa％，b％で，その市場価値がV(A)，V(B)であるとき，加重平均資本コストは，つぎのように計算される。

$$\text{加重平均資本コスト} = a\% \times \frac{V(A)}{V(A)+V(B)} + b\% \times \frac{V(B)}{V(A)+V(B)}$$

いま資本調達源泉Aを自己資本，Bを負債とすると，a％は自己資本の資本コスト，b％は負債の資本コストということになる。理論的には，加重平均資本コストが最小となるような**資本構成**（企業価値が最大

となる資本構成）が，加重平均資本コストを求める際に用いられる。

なお，資本コストについてのさらにくわしい検討は，第12章資本コストと資本構成で行なっているので，参照されたい。

《参 考 文 献》

井手正介・高橋文郎『経営財務入門』日本経済新聞社，2000年
大塚宗春『現代ファイナンス入門』放送大学教育振興会，2000年
古川浩一・峰谷豊彦・中里宗敬・今井潤一『基礎からのコーポレート・ファイナンス』中央経済社，1999年
諸井勝之助『経営財務講義　第2版』東京大学出版会，1989年

《いっそう学習（や研究）をすすめるために》

染谷恭次郎『キャッシュ・フロー会計論』中央経済社，1999年
　資金会計・キャッシュ・フロー会計の大家が研究の集大成を分かりやすく論述した好書。資金会計の歴史から現状，展開を述べ，キャッシュ・フロー計算書の作り方が詳述されている。

大塚宗春『意思決定会計講義ノート』税務経理協会，2001年
　この本は資格試験受験者向けに書かれたものであるが，要点整理，問題の解き方，練習問題から構成されており，学習のための配慮がなされている。問題を解くことによって理解がますので資格試験受験者でなくても一読をすすめる。

《レビュー・アンド・トライ・クエスチョンズ》

問題1　つぎの文のうち正しいものをひとつ選びなさい。
① 今日投資した投資額の将来価値は，利子率が15％のときよりも10％のときの方が大きい。
② 将来の貨幣額の現在価値は割引率が8％のときよりも12％のときの方が大きい。
③ 割引率を一定とすると，5年後に受け取る100万円の現在価値の方が3年後に受け取る100万円の現在価値よりも大きい。

④ 利子率8％での6年後の将来価値の方が，利子率6％での8年後の将来価値よりも大きい。
⑤ 割引率5％での8年間の年金現価の方が割引率8％で5年間の年金現価より大きい。

問題2　キャッシュ・フローに関連するつぎの文のうち間違っているものをひとつ選びなさい。
① 流動資産から流動負債を控除した額は正味運転資本とよばれている。
② キャッシュ・フロー計算書の作成方法には直接法と間接法がある。
③ 会社にとっては経営活動を妨げることなく，資金の循環期間を可能な限り短くすることが必要である。
④ キャッシュ・フロー計算書では，営業活動によるキャッシュ・フロー，投資活動によるキャッシュ・フロー，および財務活動によるキャッシュ・フローが区分される。
⑤ 減価償却費はキャッシュ・インフロー（現金流入額）である。

問題3　ある保険会社が誕生祝保険と称する新型の保険を売出した。この保険によると，子供が誕生したときに保険料10万円を払い込み，その後9年間誕生日が来たときに10万円ずつ払い込む（計10回払いことになる）と，子供が60歳の誕生日を迎えたときに生死にかかわらず2,500万円が支払われるそうである。この保険を購入すべきかどうかについてあなたの見解はどうか。ただし，利子率は5％とし，図表2－1の複利現価係数表，図表2－2の年金現価係数表を用いること。この表にないn＝60のときの複利現価係数は0.087で，年金現価係数は18.256である。

第 3 章

ビジネス・ファイナンスの情報収集

本章のねらい

　本章では，ビジネス・ファイナンスの意思決定のためには，情報がいかに必要であるかを考え，いろいろな情報のなかでも，とりわけ会計情報に注目していきたい。本章を学習すると，以下のことが理解できるようになる。

① 会計情報の有用性
② 会計情報の入手方法
③ 会計情報の判読方法

1 ビジネス・ファイナンスの情報ニーズ

　行き当たりばったりの判断によって，一攫千金（いっかくせんきん）を手にすることも，現実にはありうる。たとえば，気まぐれに買った宝くじが，ことわざの「棚からボタ餅」のように，たまたま運良く当たることもあるだろう。

　また，その逆に，インターネット広告に引っかかって，思わぬ多額の買い物をしてしまうこともあるだろう。そうしたお金の出し入れは無計画に行なっていたら，いつも結果はオーライというわけには，とてもいかないのである。

　昔からの言い伝えで「入（い）るを量（はか）りて，出（い）ずるを為す（『礼記（らいき）』より）」という言葉がある。その意味は，「お金は一方で，できるだけ多く入ってくるように計算し，その他方で，お金を出すのはできるだけ少なく抑えるように心掛けると，おのずとお金持ちになるよ！」ということである。これは，あたり前のようであるが，その実行はむずかしい。

　けれども，お金がだれにとっても，いつでも大切な資源であることを思い起こすと，計画を立てたうえで，うまく管理していくことが必要なのは明らかだろう。そのためには，「取（と）らぬ狸（たぬき）の皮算用」に決してならないように，妥当な資金の調達計画・販売（収入）計画を立て，合理的な資金管理を行なわなければならない。

　合理的なビジネス・ファイナンスの意思決定にあたっても，いろいろな情報がその判断材料になりうる。本書第7章でもみるように，**資金市場**に関する情報は，ときに新聞・テレビ・インターネットから，あるいは，取引先・銀行・証券会社から流れてくる。けれども，自社についてはもちろん，他社についても，資金の出入りと手元資金の在高（ありだか）についての情報源となれば，なんといっても"**会計**"にまさるものはないだろう。

2　会計情報の有用性

会計という用具

　ビジネス・ファイナンスの意思決定に必要な情報は，前述したように，さまざまな源（ソース）から得られる。つまり，**資金**そのものの需要・供給についての情報ということであれば，金融市場・株式市場といった（資金の）市場からのものが，重要である。他方で，企業には，資金（カネ）だけでなく，ヒト・モノといった他の資源も，**取引活動**にともなって出入りする。

　しかも，それらの取引活動のほとんどにおいて，資金の移動があいともなうのである。さまざまな取引活動にともなって，資金の出入りが具体的にどういう形で生ずるのか，以下に例示してみよう（図表3－1参照）。

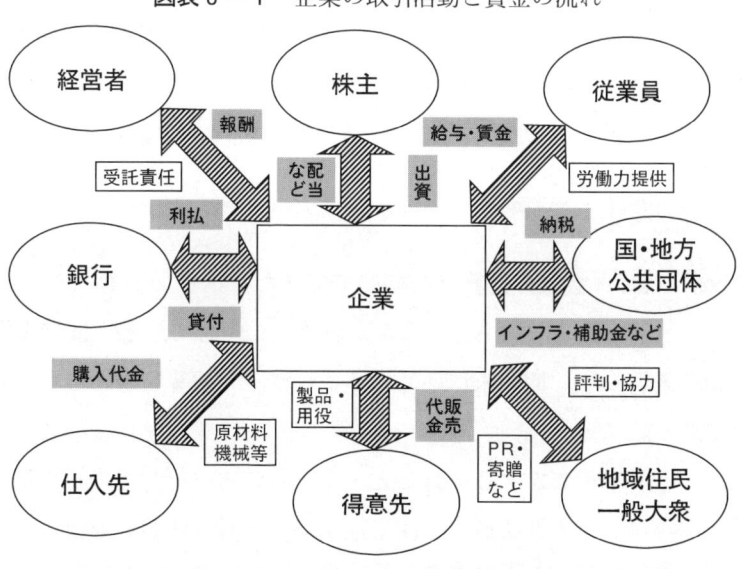

図表3－1　企業の取引活動と資金の流れ

注）矢印の上・左は企業からの働きかけ，網掛け部分は資金の動きを示す。

これら資金の流れ・実体は，企業の内外いずれからもなかなか把握しづらいのである。それは，"水（H_2O）"と同様な性質を有しているためである。そこで，資金の流れ・実体を少しでも把握しやすいように，いろんな角度から映しだそうという試みから，"会計"という用具が利用されてきた。**資金の流れ・実体と会計との関係**を図示すると，図表3－2のようになる。

　実際の資金の出入りとその在高は，"**実体**（または**本体**：principal）"という。これに対して，それを数字で映し出したのが「会計」であるので，"**写体**（surrogate）"とよばれる。その写体に映し出す際に，一種の"フィルター"になるのが**会計制度**（ルール）である。

　たとえば，わが国では，"商法計算書類規則（正式には「株式会社の貸借対照表，損益計算書，営業報告書及び付属明細書に関する規則（法務省令第22号）」）"や"財務諸表等規則（正式には「財務諸表等の用語，様式及び作成方法に関する規則」，「連結財務諸表等の用語，様式及び作成方法に関する規則」（内閣府令）など）"などが，その役割を果たしている。したがって，そのフィルターが時に詰まっていたり，網の目が変わったりすると，実体が歪（ゆが）んで映し出されたりすることもあるので，よほどの注意が必要なのである。

会計の意味

　"**会計**"は，「**会社の計算**」を略してできた言葉といわれている。そこでいう計算は，とくにお金（資金）の計算が中心で，とくに**営業活動の期間**を区切って，期間末に締め切って行なう"**決算**"がとりわけ重要なのである。

　一年ごと・半年ごと・3ヵ月ごと・1ヵ月ごとに行なうのが，それぞれ「年次決算」・「半期決算」・「四半期決算」・「月次決算」とよばれる。それらのなかでも，もっとも重要なのは，年次決算であり，わが国の商

図表3－2　資金の流れ・実体と会計との関係

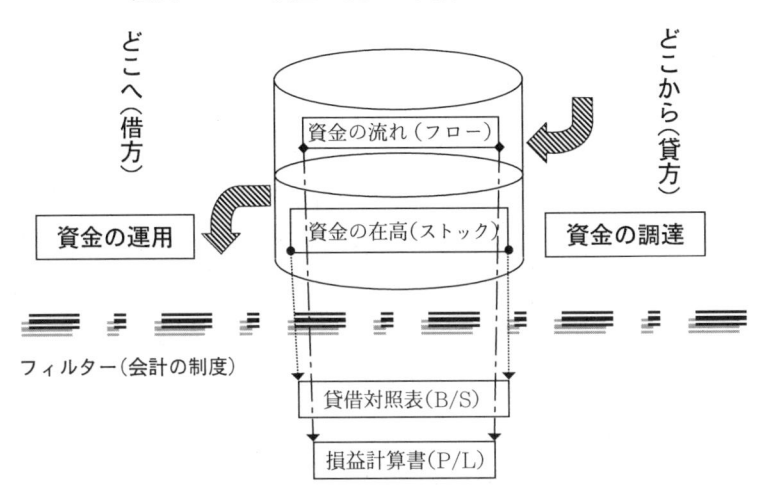

どこへ（借方）　　　　　　　　　　　　どこから（貸方）

資金の流れ（フロー）

資金の運用　　　資金の在高（ストック）　　資金の調達

フィルター（会計の制度）

貸借対照表（B/S）

損益計算書（P/L）

法では少なくとも1年間に一度は決算報告をしなければならないことになっている。

　ところで，英語では"会計"を"accounting"というが，その原語の"account"は，「説明・報告する」という意味で使われることもある。「会計責任」（accountability）というように用いられるときには，単に複式仕訳で資金の取引を計算し，**帳簿に記録する**（bookkeeping，**簿記**）だけで，任務は終わらず，事業報告を行ない，納得のいく説明がなされるまで及ぶのである。

3　会計情報の入手方法

代表的な決算書類

　決算書類には，毎年1ヵ年とか，半期（年）ごとといったふうに，定期的に発行されるものと，臨時的に発行されるものとがある。後者の例として，会社が新たに設立されたとき（**開始貸借対照表**）や，他社と合

併してひとつの会社になったとき（**合併貸借対照表**），会社が清算に入ったとき（**清算貸借対照表**）などがある。

また，"継続事業体"（going concern：ゴーイング・コンサーン）であっても，時として，1年・半年未満内で（たとえば，取引業者間・同業界内あるいは同一企業集団間での調整のためなど）いろいろな理由から，決算期間の変更（"変則決算"）が行なわれることもあるので，注意が必要である。

これらの決算書類のうち代表的なものが，**資金の在高**（または**残高**（ざんだか）ともいう，stock：ストック）と，その流れ（cash flow：キャッシュ・フロー）を表わした貸借対照表（balance sheet：バランス・シート，図表3－2ではB/Sと略す）・損益計算書（income statement：インカム・ステートメントまたは，profit & loss statement，図表3－2ではP/Lと略す）とよばれるものである。

前者は，ある一時点（それぞれの決算期末，たとえば，年次決算の場合はその年度末）における企業の財政状態を表わしている。そして，後者は，ある一定期間における（同じく年次決算の場合は，1年前の年度初めからその年度末までの）企業の営業成績を表わしている。

また，わが国では現在までのところ，1社ごとの単独（または個別）決算書と，（同じ企業グループの）2社以上の企業集団の会計報告を行なった**連結決算書**がある。東京・大阪・名古屋・福岡・札幌にある**各証券取引所**において有価証券の売買を認められた**上場企業**（じょうじょう）や"店頭登録企業（上場されていないが，その株式・債券が証券会社の店頭で取引できるように「日本証券業協会」に登録されている企業）"など，証券取引法が適用される――両者を含めて"公開企業"といわれる――は，その両方を提出しなければならない。つまり，単独決算書も連結決算書も，ともに**"有価証券報告書"**のなかに含まれている。

さらに，平成12年3月期から，公開企業は，"キャッシュ・フロー計

算書"も作成し（連結キャッシュ・フロー計算書があれば，個別キャッシュ・フローは不要とされている)，かつ報告しなければならなくなった。

決算書の入手可能性

　有価証券報告書については，その入手可能性は，最近になってますます高まってきている。けれども，この有価証券報告書を提出する義務がある企業は，たかだか数千社にしかすぎない。むしろ大部分のわが国企業は，商法の規定にもかかわらず，決算報告書の開示は，ほとんど現在まで非公開のままといわなければならない現状にある。

　上場企業の決算報告書や，非上場企業でもIR（企業が投資家に対して行なう情報提供活動：Investors Relationsの頭文字をとってそうよばれている）に熱心な企業のそれらの入手可能性は，比較的高い。しかしながら，100万社以上にものぼる，すべてのわが国企業の決算書が，いつでも・どこでも・だれでもが利用できるわけではない。むしろ，逆に数のうえでは，決算書を入手不可能な企業の方が圧倒的に多いのが，現実なのである。

　けれども，ある企業と特定の関係にあるステイク・ホルダーの場合，それらは入手可能になる。たとえば，ある企業に融資を申し込まれた銀行では，その融資先がはたして信用できるか否かを"**審査**"するために，決算書がどうしても必要になり，その提出を求めるだろう。

　企業に資本提供する出資者（株式会社の場合は"株主"）は，自分たちの出資した持分が有効に運用されているか，定期的に報告を求める権利をもっている。たとえば，株式会社では"株主総会"において決算案が報告され，その承認がひとつの重要な決議事項となっている。

　また，それぞれの国・地方自治体の管轄内に本店が所在する企業に対して，財務省・税務署は（決算報告とはいわず）所得の"申告"を促すであろう。したがって，その際の報告にあたって提出する書類は"決算

（報告）書"ではなく，"申告書"という。

　いずれにせよ，企業がその外部者に対して会計報告を行なう場合には，然るべき制度・規則に従って，それぞれの報告（ないし申告）先に提出しなければならない。その会計制度・規則は，時代により，また国によって，さらに業種や規模，上場・非上場の違いによって異なっているところがある。したがって，さまざまな企業を評価する場合には，その時代・企業の業種・規模，上場・非上場の是非などによって，すでに述べたフィルターの網の目を変える必要も出てくる。

社内におけるニーズ

　また，企業の内部にあって，日常から経営活動を管理・統制する責任のある経営者・管理者も，自社全体の，あるいはみずからが管理する部門ごとの現状を知ったうえで，今後の対策を講じるために，資金のフローとストックを表示した会計データの提出を求めるであろう。

図表3-3　金融庁『EDINET（電子開示システム）』サイトの画面

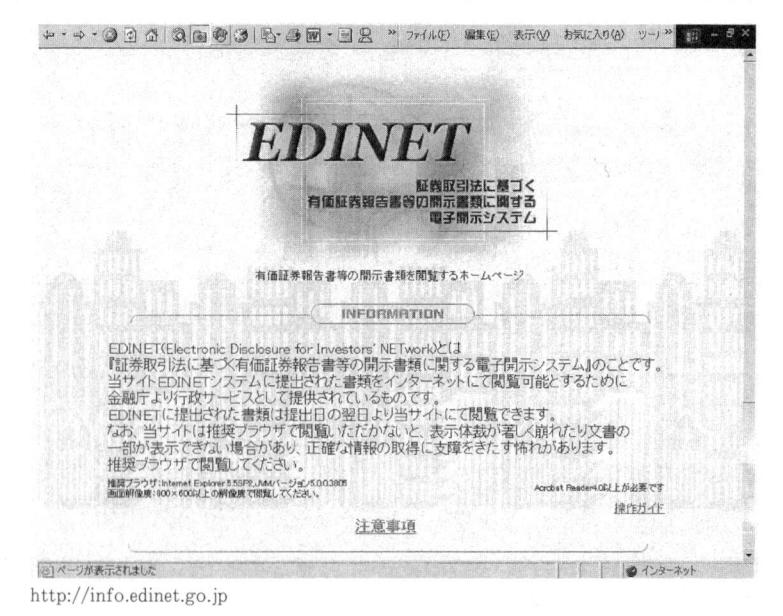

http://info.edinet.go.jp

ただし，企業内部では，法律・規則などで公けに提出を求められた計算書類以外に，自社で必要な計算データを自発的に作成・利用することも可能であり，現に行なわれている。たとえば，予算や利益計画・原価調査データ・採算見積りなど，いろいろなシミュレーション計算などの**"管理会計"データ**が，経営者・管理者にとっては，意思決定のための重要な情報源となっている。

4　会計情報の判読法

ソニー㈱を事例にして

　以下に，ソニー㈱の年次決算書を例示しながら，会計情報の読みとり方をみていこう。図表3－4に，平成13年度の**ソニー㈱**の「決算公告」を掲げてある。

　これは，商法計算書類規則に従って作成された「事業報告書」のなかに含められているものである。上半部分には，ソニー㈱という親会社単独の貸借対照表・損益計算書（要旨）が，下半部分にはソニー㈱を含むソニー・グループ企業の連結貸借対照表・連結損益計算書が示されている。

　貸借対照表・損益計算書の様式（スタイル）には，**勘定式（Ｔ字型）**と**報告式**とがあるが，ここで示された貸借対照表は勘定式のもので，損益計算書の方は報告式である。貸借対照表の**貸方**(かしかた)（向かって右側）には資金の調達元，逆の**借方**(かりかた)（向かって左側）には資金の運用先の明細が示されている。資金の調達元は，大きく「**負債**(ふさい)」（他人資本ともよばれる）と「**資本**」（自己資本または純資産ともよばれる）の部とに分かれている。

　さらに，資金の運用先（借方）および「負債」は，それぞれ流動資産・固定資産，流動負債・固定負債に分けられている。この両者の区別は，

第3章　ビジネス・ファイナンスの情報収集　*41*

図表3-4 平成13年度ソニー㈱の（単独・連結）決算公告（一部の科目につき統合して表示）

東京都品川区北品川6丁目7番35号　ソニー株式会社　代表取締役　出井　伸之　2002年6月21日発表

貸借対照表の要旨(2002年3月31日現在)

科目	金額(億円)	科目	金額(億円)
流動資産	9,430	流動負債	10,246
現金・預金	278	支払手形・買掛金	3,759
受取手形・売掛金	4,437	その他	6,487
たな卸資産	488	固定負債	7,065
その他	4,248	社債	3,274
貸倒引当金	△21	転換社債	3,181
固定資産	26,591	退職給付引当金ほか	608
（有形固定資産）	－2,222	負債合計	17,311
建物	904	資本金	4,761
機械・装置	528	資本剰余金	6,642
土地ほか	789	利益剰余金	7,309
（無形固定資産）	－834	（うち当期利益）	－296
（投資等）	－23,534	株式等評価差額金	△0
子会社株式・出資金	20,376	自己株式	△1
その他(貸倒引当金含む)	3,158	資本合計	18,711
資産合計	36,022	負債・資本合計	36,022

損益計算書の要旨(2001年4月1日～2002年3月31日)

科目	金額(億円)
売上高	26,441
売上原価	23,172
販売費・一般管理費	3,799
営業損失	529
営業外収益	1,660
営業外費用	1,191
経常損失	61
税引前当期損失	61
法人税・住民税・事業税	13
法人税等調整額	△371
当期利益	296
前期繰越利益	283
合併による子会社株式消却額	35
中間配当金	114
当期未処分利益	428

注1．有形固定資産減価償却累計額3,428億円。
　2．一株当たり利益32円22銭。

連結貸借対照表(2002年3月31日現在)

科目	金額(億円)	科目	金額(億円)
流動資産	33,372	流動負債	25,584
現金・定期預金	6,889	短期借入金	3,539
有価証券	1,621	支払手形・買掛金	7,675
受取手形・売掛金（貸倒・返品引当金控除後）	12,428	未払金・未払費用	8,695
棚卸資産	6,734	未払法人税・その他未払税	1,054
その他	5,698	その他（銀行ビジネス顧客預金含む）	4,617
繰延映画制作費	3,130	固定負債	32,335
投資・貸付金	16,978	長期借入債務	8,386
有形固定資産（減価償却累計額控除後）	14,116	未払退職金・年金費用	2,990
その他の資産	14,260	その他（繰延税金・保険契約債務など含む）	20,927
無形固定資産	2,456	少数株主持分	233
営業権	3,172	資本	23,704
その他（繰延保険契約費含む）	5,549	資本金	4,761
		資本準備金	9,682
		利益剰余金等	14,922
資産合計	81,857	負債・資本合計	81,857

注）当年度数の連結子会社は1,068社，持分法適用会社は98社

連結損益計算書(2001年4月1日～2002年3月31日)

科目	金額(億円)
売上高・営業収益	75,782
純売上高	70,587
金融ビジネスおよび営業収入	5,194
売上原価・販売費・一般管理費	74,436
売上原価	52,395
販売費・一般管理費（金融ビジネス費用含む）	22,039
営業利益	1,346
その他の収益	963
その他の費用	1,381
税引前利益	927
法人税等	652
少数株主損益、持分法による投資損益・会計原則変更による累積影響額前利益	275
少数株主損失	162
持分法による投資損益（純額）	344
会計原則変更による累積影響額前利益	93
会計原則変更による累積影響額	59
当期純利益	153

"ワン・イヤー（1年）・ルール"または"営業循環規準"によるものである。

決算書を通じての会計情報分析は，この決算書だけを眺めたときからすでに始められる。すなわち，「絶対値」分析という方法で，たとえば，親会社1社としてのソニー㈱の売上高は26,441億円であったのに対して，（当期）利益は296億円であった。

他方，1,068社にも及ぶソニー・グループの子会社をも含めた連結売上高は75,782億円であったのに対し，連結（当期）利益は153億円という，一見して奇妙な現象がそこでも観察される。なお，くわしくは，次章の「相対値」分析や「連個ないし連単（連結企業グループ全体と親会社個別・単独）分析」などで検討する。

図表3－5は，前例と同じくソニー・グループの決算書を，今度は有価証券報告書ベースで示している。ここでは，平成12年度と平成13年度の数字とが併記されているので，前期の各数字との増減比較が可能であろう。

また，貸借対照表および損益計算書のそれぞれ借方・貸方項目の総額と各々の内訳の割合（％）も記されているので，"構成比分析"が可能となる。たとえば，前期（平成12年度）には，グループ全体の売上高のうち，本業からの稼ぎである"営業利益"の割合が3.6％であったところが，当期（平成13年度）には1.2％にまで落ち込んでいるのがわかる。

さらに，貸借対照表・損益計算書と並んで，第3の会計報告書として，より最近になって重要視されてきているキャッシュ・フロー計算書（連結ベース）を図表3－6に掲げておこう。これによると，"発生主義"ベースでみた経営成果を示す「（当期）利益」は，前期16,754億円から当期15,310億円へと低下したことになっている。

しかし，"（営業）キャッシュ・フロー"ベースでみると，前期544,767億円から当期737,596億円へと上昇したことになっている。これは，（営

図表3－5　ソニー㈱の連結財務諸表

①【連結貸借対照表】	平成12年度		平成13年度	
	（平成13年3月31日現在）		（平成14年3月31日現在）	
区　分	金額（百万円）	構成比（％）	金額（百万円）	構成比（％）
資産の部合計	7,827,966	100	8,185,795	100
Ⅰ　流動資産	3,477,474	44.4	3,337,212	40.8
1．現金・預金および現金同等物等	613,154		688,976	
2．有価証券	90,094		1,692,147	
3．受取手形および売掛金	1,404,952		1,363,652	
4．貸倒および返品引当金	△109,648		△120,826	
5．棚卸資産	942,876		673,437	
6．前払費用およびその他の流動資産	536,046		569,826	
Ⅱ　繰延映画製作費	297,617	3.8	313,054	3.8
Ⅲ　投資および貸付金	1,388,988	17.8	1,697,807	20.7
1．関連会社に対する投資および貸付金	104,032		131,068	
2．投資有価証券その他	1,284,956		1,566,739	
Ⅳ　有形固定資産	1,434,299	18.3	1,411,666	17.3
1．土地	190,394		195,292	
2．建物および構築物	828,554		891,436	
3．機械装置・その他の有形固定資産	2,113,005		2,216,347	
4．建設仮勘定	165,047		66,825	
5．減価償却累計額	△1,862,701		△1,958,234	
Ⅴ　その他の資産	1,229,588	15.7	1,426,056	17.4
1．無形固定資産	221,289		245,639	
2．営業権	305,159		317,240	
3．その他	703,140		863,177	
負債および資本の部合計	7,827,966	100	8,185,795	100
Ⅰ　流動負債	2,646,740	33.8	2,558,496	31.3
1．短期借入金（年内返済長期借入金含）	356,373		354,063	
2．支払手形および買掛金	925,021		767,625	
3．未払金・未払費用（未払税等含）	940,563		975,003	
4．その他	424,783		461,805	
Ⅱ　固定負債	2,846,736	36.4	3,233,521	39.5
1．長期借入債務	843,687		838,617	
2．未払退職・年金費用	220,787		299,089	
3．繰延税金	175,148		159,573	
4．保険契約債務その他	1,607,114		1,936,242	
Ⅲ　少数株主持分	19,037	0.2	23,368	0.3
Ⅳ　資本	2,315,453	29.6	2,370,410	28.9
1．資本金	472,002	6	476,106	5.9
2．資本準備金	962,401	12.3	968,223	11.8
3．利益剰余金	1,217,110	15.6	1,209,262	14.8
4．累積その他包括利益および自己株式	△336,060	△4.3	△283,181	△3.5

②【連結損益計算書】		平成12年度		平成13年度	
		(平成12年4月1日～13年3月31日)		(平成13年4月1日～14年3月31日)	
区　分		金額（百万円）	百分比（％）	金額（百万円）	百分比（％）
Ⅰ	売上高および営業収入	7,314,824	100	7,578,258	100
	1．純売上高	6,829,003		7,058,755	
	2．金融ビジネス収入	447,147		483,313	
	3．営業収入	38,674		36,190	
Ⅱ	売上原価および販売費・一般管理費	7,089,478	96.9	7,443,627	98.2
	1．売上原価	5,046,694		5,239,592	
	2．販売費および一般管理費	1,613,069		1,742,856	
	3．金融ビジネス費用	429,715		461,179	
Ⅲ	営業利益	225,346	3.1	134,631	1.8
Ⅳ	その他の収益	167,654	2.3	96,328	1.2
	1．受取利息および受取配当金	18,541		16,021	
	2．特許実施許諾料	29,302		33,512	
	3．投資有価証券その他の売却（純）益	41,708		1,398	
	4．その他	78,103		45,397	
Ⅴ	その他の費用	127,132	1.8	138,184	1.8
	1．支払利息	43,015		36,436	
	2．投資有価証券評価損	4,230		18,458	
	3．為替差損（純額）	15,660		31,736	
	4．その他	64,227		51,554	
Ⅵ	税引前利益	265,868	3.6	92,775	
Ⅶ	法人税等	115,534	1.6	65,211	1.2
Ⅷ	少数株主損益等	150,334	2	27,564	0.8
Ⅸ	少数株主損失	15,348	0.2	16,240	
Ⅹ	持分法による投資損失（純額）	44,455	△0.6	34,472	0.4
Ⅺ	会計原則変更による累積影響額	△104,473	△1.4	5,978	0.2
	（税金費用を含み，税効果控除後）				△0.5
Ⅻ	当期純利益	16,764	0.2	15,310	0.2

出所）金融庁『EDINET』よりデータ採取：一部の科目につき統合して表示

図表3－6　ソニー㈱の連結キャッシュ・フロー計算書

③【連結キャッシュ・フロー計算書】	平成12年度 （平成12年4月1日 ～13年3月31日） 金額（百万円）	平成13年度 （平成13年4月1日 ～14年3月31日） 金額（百万円）
区　分		
Ⅰ　営業活動によるキャッシュ・フロー		
1　当期純利益	16,754	15,310
2　営業活動から得た現金・預金（純額）への当期利益の調整		
(1)　有形固定資産減価償却費・無形固定資産償却費（その他繰延償却含む）	592,917	596,749
(2)　退職・年金費用（支払額控除後）	21,759	14,995
(3)　固定資産除売却損（純額）および減損	24,304	49,862
(4)　投資有価証券その他売却益（純額）・退職給付目的信託への株式拠出益等	△70,858	△1,901
(5)　繰延税額	△5,579	△49,719
(6)　持分法による投資（純）損失等	256,165	25,581
受取手形および売掛金の増加（△）・減少	△177,484	111,301
棚卸資産の増加（△）・減少	△103,085	290,872
繰延映画製作費の増加	△269,004	△236,072
支払手形および買掛金の増加・減少（△）	95,213	△172,626
未払法人税およびその他の未払税金の増加・減少（△）	38,749	△39,589
その他の流動資産および負債の増減（純額）	223,406	173,347
(10)　その他	5,983	△46,492
営業活動から得た現金・預金（純額）	544,767	737,596
Ⅱ　投資活動によるキャッシュ・フロー		
1　固定資産の購入	△468,019	△388,514
2　固定資産の売却	26,704	37,434
3　投資および貸付	△449,135	△795,376
4　投資有価証券その他の売却・償還および貸付金の回収	157,607	370,192
5　有価証券の購入・売却（相殺）額等	13,795	8,183
投資活動に使用した現金・預金（純額）	△714,048	△767,117
Ⅲ　財務活動によるキャッシュ・フロー		
1　長期借入・借入返済相殺額	51,860	57,260
2　短期借入金の増加・減少（△）	106,245	△78,104
3　配当金の支払	△24,552	△107,485
財務活動から得た現金・預金（純額）	134,442	85,040
Ⅳ　為替相場変動の現金・預金および現金同等物に対する影響額	21,020	21,036
Ⅴ　現金・預金および現金同等物純増加・減少（△）額	△18,819	765,555
Ⅵ　現金・預金および現金同等物期首残高	626,064	607,245
Ⅶ　現金・預金および現金同等物期末残高	607,245	683,800
補足情報		
法人税等	93,629	148,154
支払利息	47,806	35,371
関連会社に対する現物出資	－	10,545

業）キャッシュ・フローベースの場合，受取手形・売掛金（両方を合わせて"売掛債権"または"売り上げ勘定"という），および棚卸資産（俗に"在庫"とよばれる）の減少といった，営業努力が功を奏した賜物とも考えられよう。

《参考文献》

日本経済新聞社編『財務諸表の見方』（日経文庫）日本経済新聞社，2002年
吉村貞彦・岩淵信夫『連結決算書の読み方』（日経文庫）日本経済新聞社，1998年
岩崎彰『キャッシュフロー計算書の見方・作り方』（日経文庫）日本経済新聞社，1999年
もう少し本格的に，幅広くみていこうというのなら，…
鳥邊晋司・東原英子『会計情報と経営分析』中央経済社，1996年
渋谷武夫『経営分析の考え方・すすめ方（第2版）』中央経済社，2001年
青木茂男『要説 経営分析』森山書店，2001年

《いっそう学習（や研究）をすすめるために》

たとえば，公的なものとしては，金融庁が行政サービスとして提供している『証券取引法に基づく有価証券報告書等の開示書類に関する電子開示システム（EDINET: Electronic Disclosure for Investors' NETwork)』があげられる。そのURLは，以下に示す；(http://info.edinet.go.jp/InfoDisclosure/index.html) ただし，これは証券取引法上の"公衆縦覧"ではない。

平成16年6月からは，この「電子開示手続」が原則適用になるとのことである（図表3－3参照）。そのほかに，とくに上場会社をはじめ主要な企業のホーム・ページにリンクしてくれる，便利なサイトがいくつかある。それらの中には，原データを加工してさらに利用しやすいように，Excel形式やCSV形式のファイルで提供してくれるサービスもあるが，有償である場合がある。それらの内のいくつかを紹介してみると（URL等は時に変更されている場合があるので要注意である），たとえば，「Hello IR World」(http://search.hello-ir-world.com/index

_j.htm)（宝印刷（株）の運営），「IR-BOX」（http://aspir.co.jp/）（亜細亜証券印刷（株）の運営），その他のものとして，有価証券報告書データではないが，日本経済新聞紙上に掲載された決算公告をもとに提供しているのが「総合企業情報IRデータファイル」(http://www.nikkei.co.jp/ad/mm/admmir/intro_front.html)（日本経済新聞社提供）であり，手近なものとして推奨される。閲覧できるほとんどのものが，PDFファイル形式か，HTMLファイル形式であるので，ExcelやLotus123等の表計算ソフトの上で，直接には操作できない。前掲のような，加工データ配信サービスを利用するか，パソコン操作に慣れている読者は，変換にチャレンジするとよいだろう。

《レビュー・アンド・トライ・クエスチョンズ》

① "総合企業情報IRデータファイル"から，それぞれ自分が任意に選んだ（上場）会社のデータを採ってきて，Excelのファイルに収めてみよう。

② ①で選んだ企業の有価証券報告書データを"EDINET"から採取して，上と同じくExcelのファイルに収めてみよう。

③ ①および②で選んだ企業について，（本章でみた程度でよいから）できるだけ「絶対値」分析および「構成」分析を行なってみよう。

第 4 章

ビジネス・ファイナンスの情報分析

本章のねらい

前章でみたような会計データを収集して，それらから，ビジネス・ファイナンスの意思決定・行動のための手がかりを，どのように得ることができるのか。

本章を学習すると，以下のことが理解できるようになる。

① 支払い能力の分析
② 収益性の分析
③ 成長性の分析
④ 資金の回転効率の分析
⑤ 生産性の分析
⑥ 分配性の分析
⑦ 株式評価その他の指標

1 ビジネス・ファイナンス情報の分析主体と客体

　収集したビジネス・ファイナンス情報を分析する目的や方法は，企業に参加するさまざまな**ステイクホルダー**によって異なる。第3章でもみたように，**経営者**，**株主**，**債権者**，**従業員**，**徴税および監督官庁**など，それぞれによって，企業に関与する立場が違うのである。

　もとより，どんな立場であれ，それぞれのステイクホルダーに対して，**適切**（relevant）でタイムリーな情報が提供され，かつその情報が精確に判読される必要がある，しかる後，はじめて**効果的**（effective）な意思決定・行動が可能となるはずである。

　しかしながら，現実にはビジネス・ファイナンス情報が入手できる質（内容），量，時期（タイミング）は，違っていることがある。たとえば，経営者と株主との間には，いわゆる"**情報の非対称性**（asymmetric information）"が生じる。

　とくに上場ないし公開企業の場合で，そうした違いが際立ってくると，"**インサイダー取引**（insider trading）"といったケースにもなりかねない。アメリカにおいて，**エンロン社**や**ワールド・コム社**といった大企業で起きた**経理不正事件**（**粉飾決算**：dressingといった架空利益を計上し，儲かっていないにもかかわらず儲かっているかのように見せかける不法な会計操作）なども，経営者ないし企業・会計監査人と，株主・債権者・官庁ひいては一般大衆との間で生じた情報アクセスへの非対称性が引き起こした問題であった。

　そのように立場が違えば，データへの入手可能性の程度において違いが生じる。そこで，おのおののステイクホルダーごとに，それぞれの情報分析の方法をみることは必要かもしれない。そして，企業の外部者や内部者（とくに経営者）といった立場上の違いにだけ着目して，一般に，

外部分析と内部（自社）分析といった区分がなされるが，以下では，それぞれの立場に共通して必要となる方法について，概説していくことにする。

2 決算書をデータ源としたビジネス・ファイナンスの情報分析

ここでいう，ビジネス・ファイナンスの情報分析は，かつてより「**財務諸表分析**」（financial statements analysis または Bilanzanalyse）とか，「**経営分析**」（business analysis や Betriebsanalyse）とよばれてきた知識体系と同じものと考えてよい。ただし，その知識体系は，時代が変わり，経済が発展してきた過程で，かつ，他国で用いられてきた方法なども参考にしつつ，今日までさまざまに進化してきた。

すなわち，1930年代のアメリカを中心として，企業への資金の貸し付けに際して，融資先企業の支払能力をみるための「**信用分析**」（credit analysis）が考案されている。これがビジネス・ファイナンスの情報分析のそもそもの起こりであった。さらに，第2次世界大戦に突入するようになってからも，統制経済下の調達・生産にあたって，「**経営比較**」の手法も用いられるようになった。

また，平和時にあっても，他の面での合理化，とりわけ収益性・生産性・成長性といった面にまで，管理の努力は向けられるに至り，一通りの分析体系が成立していったのである。とりわけ，アメリカの化学大手会社のデュポン社で考案されたと伝えられている **"デュポン" 方式**は，今後の管理の努力ないし改善方向を見いだすために，すぐれた情報提供力を有していると，今日に至るまで多方面で活用されてきたものである。

さらに，情報化・国際化が進展するようになった1980～90年代から以降，情報分析のための手法は，ハード・ソフトの両面から目覚しい進歩を遂げてきた。そうした進歩によって，分析のための技術も，その精度

図表 4 − 1　ソニー㈱の平成12～13年度連結決算書（要約）

金額（百万円）

連結貸借対照表	平成12年度	平成13年度
資産の部合計	7,827,966	8,185,795
流動資産	3,477,474	3,337,212
現・預金および現金同等物等	703,248	851,123
受取手形および売掛金	1,404,952	1,363,652
棚卸資産	942,876	673,437
その他流動資産	426,398	449,000
繰延映画製作費	297,617	313,054
投資および貸付金	1,388,988	1,697,807
有形固定資産	1,434,299	1,411,666
うち建設仮勘定	165,047	66,825
その他の資産	1,229,588	1,426,056
負債の部合計	5,512,513	5,815,385
流動負債	2,646,740	2,558,496
うち支払手形および買掛金	925,021	767,625
固定負債（少数株主持分含む）	2,865,773	3,256,889
資本の部合計	2,315,453	2,370,410
負債および資本の部合計	7,827,966	8,185,795
連結損益計算書	平成12年度	平成13年度
売上高・営業収入	7,314,824	7,578,258
売上原価／販売費・一般管理費	7,089,478	7,443,627
売上原価	5,046,694	5,239,592
販売費・一般管理費	1,613,069	1,742,856
金融ビジネス費用	429,715	461,179
営業利益	225,346	134,631
その他の収益	167,654	96,328
受取利息・配当金	18,541	16,021
投資有価証券その他売却(純)益	41,708	1,398
その他の費用	127,132	138,184
うち支払利息	43,015	36,436
税引前利益	265,868	92,775
法人税等	115,534	65,211
当期純利益	16,764	15,310

は飛躍的に高まり，説明力・予測力の向上をもたらしてきた。

　第3章でみたように，あらゆる企業が外部に報告することをわが国で義務づけられているのは，商法の"**計算書類規則**"に定められた計算書，すなわち，貸借対照表・損益計算書がその主たるものである。そのうえに，上場企業などの場合には，"**財務諸表等規則**"によって，キャッシュ・フロー計算書や連結決算書による報告も求められている。

　以下では，第3章で掲げた**ソニー㈱**の有価証券報告書のなかの連結決算ベースの決算数値（図表3-5参照）を分析して，意思決定・行動にあたっての情報をどのように得ることができるか，をみていこう。図表3-5で掲げたソニー㈱の平成12〜13年度の連結決算書のなかから，以下の分析のために最小限必要な項目を要約したのが，図表4-1である。

　まず，1期分の貸借対照表だけで分析できる支払能力の指標を取りあげる。

支払能力の分析

一般的に，**支払能力**とは，ある**支払い義務**（借入金の返済とか，購入代金とか）に対して，その義務を果たすための**支払い準備**との比の値で示される。

$$支払能力 = \frac{支払い準備}{支払い義務} \times 100 \ (\%)$$

この一般式から応用された型の典型的なものが，以下のものである。

(イ)　短期的支払能力（財務流動性）の指標

① **流動比率**：貸借対照表上の数値のみを用いて，もっとも早くから指標として利用されているのが，"**流動比率**"とよばれるものである。とくに，短期的な（向こう一年間の，つまり，つぎの決算期までの）支払能力をみるもので，経験的な目安として200％以上であれば，支払能力は十分というように判断される。

しかし，現実には，その値は達成が困難で，100％が文字どおり支払い可否のボーダー・ラインとされている。かつてアメリカでは，とりわけ銀行の貸付担当者の間で，融資にあたっての判断材料として用いられていたことから，「**銀行家比率**」ともよばれたものである。

$$流動比率 = \frac{流動資産}{流動負債} \times 100 \ (\%)$$

② **当座比率**（**酸性試験比率**，Quick Ratio ともよばれる）

$$当座比率 = \frac{当座資産}{流動負債} \times 100 \ (\%)$$

この指標は，①の流動比率よりも，短期的な支払能力をさらによりシビアに判定しようとするものである。なぜなら，流動比率の分子（流動資産）には，たとえば，焦げ付いた，つまり，回収困難な**不良債権**がたまっているとか，長年売れ残ってしまった"**死蔵品**（dead stock）"が，棚卸資産に含まれていることも，大いにありうるので，甘く評価してしまうおそれがあるからである。流動性が高いかどうか，すなわち，短期的な支払い能力があるかどうかが，さながら酸性・アルカリ性を調べるためのリトマス試験のように，たちまち判定できることから，上記のような別名がついている。

㈹ 長期的支払い能力（財務安全性）の指標

短期的支払い能力の指標が，向こう1年未満（つぎの決算報告まで）の将来の期間における支払能力を判定するものであるのに対して，1年を超える将来の期間についての支払能力指標も必要になる。

③ **固定比率**

$$固定比率 = \frac{固定資産}{自己資本} \times 100 \ (\%)$$

なお分母の"**自己資本**"という数値項目は，貸借対照表にも，損益計算書のうえのどこにも見当たらない。それは，貸借対照表の貸し方

「資本の部合計」のことで，後の⑰で使われる"純資産"の別名でもある。

④ **固定長期適合率**

$$固定長期適合率 = \frac{固定資産}{自己資本+固定負債} \times 100（\%）$$

①と②との関係が，後者は前者をより厳しく評価するための指標であった。そして，③と④の関係は，逆に，後者（つまり④）は前者（③）をより穏やかに評価するために考案されたものである。とくに，**"借金経営"**の多いわが国で特有の，長期的（1年を超えて将来の）支払能力をみるもので，目安として，どちらも100％を超えないことが望ましい。それを超えると，財務的には不安定で，資金が"固定化"していることになる。

⑤ **自己資本比率**：総資本に占める自己資本の割合を示すものである。

$$自己資本比率 = \frac{（自己）資本}{負債・（自己）資本合計} \times 100（\%）$$

収益性の分析

⑥ **売上高（営業）利益率**：売上高に占める営業利益の割合を示すものである。

$$売上高利益率 = \frac{営業利益}{売上高} \times 100（\%）$$

この比率の分母・分子の関係は，部分・全体の関係であるので，この値自体は，100（％）を超えることはありえない。このような比率は，「**構成比率**」とよばれる。もちろん，低いより高い方が，収益性においてより高く，すなわち，よりよく儲かっているということを示している。

この分子の"**営業利益**"に代えて，経常利益，当期利益などといった"**発生主義会計**"から求められた利益数値でみてもよい。さらに，

別な型での経営成果を表す"付加価値"や"キャッシュ・フロー"であってもよい。

⑦ **総資産（利払い前・税引き前）利益率**（ROA：Return on Asset）：総資産からどれだけの報酬が得られたかを示すものである。

$$総資産利益率 = \frac{（利払い前・税引き前）利益}{期首・期末平均総資産} \times 100（\%）$$

ここで，**利払い前・税引き前利益**は，「EBIT」(Earnings Before Interest and Taxの略)とよばれている。

⑧ **自己資本（当期）利益率**（ROE：Return on Equity）：自己資本に対して，どれだけの（当期）利益が得られたかを示すものである。

$$自己資本利益率 = \frac{当期利益}{期首・期末平均自己資本} \times 100（\%）$$

期首・期末平均にするのはなぜ？

本文中の⑦や⑧の指標の分母の項目は，いずれも「期首・期末平均○○」となっている。これは，はたしてなぜそうなっているのだろうか。ところで，経営学の分野では，"ROI"という略語をよくみかける。それは，Return on Investment の頭文字をとって，そのように略されたもので，単に「資本利益率」を意味するといわれている。つまり，

$$ROI = \frac{報酬（Return）}{投資（Investment）} \times 100（\%）$$

という算式で明らかなように，Return（報酬）が Investment（投資）のうえに位置していることから，その略語が用いられるようになった。その値の高い・低いによって，**資金の使用効率**（**資金生産性**）を判定したのである。ちなみに，この ROI を最高位に位置づけて，ピラミッドの形で目標管理とその統制をうまく行なって成功した会社が，かのデュポン社だったのである。その式の分母・分子は，元来，ともにフロー（分母は流出，分子は流入）の値である。したがって，この分母の投資額すなわち資本額は，貸借対照表上のどれかの資本額（たとえば「総資本」にあたる資産額や

> 「自己資本」，すなわち「資本（の部合計）」）を，そのまま代入することは，理に適った考え方とはいいがたいだろう。なぜなら，貸借対照表上の値は，（「資本の部」の当期利益を除いては）ことごとく"ストック"の値（ある時点における在高あるいは残高）なのだから……。そのストックの値をフローの値にせめて近似的に表して，分子の「**リターン（報酬）**」というフローの値に対比させようという試みが，この期首・期末の額を足して2で割って，この期中平均を求めたというわけである。

成長性の分析

　成長を測るには，いつからいつまでの長さの期間で，比較の対象つまりなにとなにとを比べるのかによって，答えはまったく変わってくる。たとえば，昔，小学校で歌った「柱のキ～ズは一昨年(おととし)の」で始まる昔の"文部省唱歌"のように，「昨日(くら)比べりゃなんのこと」もないとは思ったものの，それでも「やっと羽織(はおり)の紐(ひも)の丈(たけ)」までよく伸びたものと感心し，結局のところ，「上には上があったのだ」という結論に落ち着くのである。

　⑨・⑩はともに，対前年度と比べての1年間で，それぞれの値（売上高・各種の利益）がどれだけ伸びたかを，相対的に測定（相対比較）したものである。しかし，さらに，その成長の程度を，絶対（金）額・絶対（物）量で比較することも必要である。あるいは，ある基準時点（10年前とか，世紀はじめとか）との比較なども，時と場合によって必要になることがある，そして，現実には，それらも行なわれている。

　⑨　**増収（売上高成長）率**：前期に比べてどれだけ売上高が伸びたかをみるものである。

$$増収率 = \frac{(当期売上高 - 前期売上高)}{前期売上高} \times 100 \ (\%)$$

⑩　(営業・経常または当期)増益率：前期に比べて，どれだけ(各)利益が伸びたかをみるものである。

$$増益率 = \frac{(当期利益 - 前期利益)}{前期利益} \times 100 \; (\%)$$

> **赤字企業には，くれぐれも要注意！**
> 　資金をいくらつぎ込んでも，経営がまずい企業では回復するどころか，ますます"赤字(損失)の垂れ流し"で，悪質な「サラ金」に追い回される人と同じ羽目に陥ることがある。会社のなかにも，いくら支援を受けても回復の見込みなく，結局は**倒産**してしまうところが，昨今，多く見受けられる。そんな会社に就職したり，投資したり，融資をしてしまわないように，注意しよう！　それも大事だが，そういう会社の財務分析をする場合にも，さらに，注意が必要である。
> 　たとえば，⑨・⑩でみたような，成長性を評価する際に，その会社が，赤字決算の連続であったとしよう。⑩の「**増益率**」は「**減益率**」となるはずであるが，前期利益がマイナス(つまり損失発生)，当期利益もマイナスでかつその幅が前期よりもさらに拡大していれば，分母・分子の値はともにマイナスで，その比の値すなわち増益率は，そのまま計算してしまうと，なんとプラスになり，減益(赤字)幅拡大なのに，「増益」といった誤算を生み出すおそれがあるのである。
> 　こういう場合には，前期・当期ともに赤字の場合には，あらかじめ分母・分子どちらかを絶対値で表示をするなりしておかないと，おかしな増益率(？)が計算されてしまうのである。それと同様におかしなケースが発生するのは，赤字の幅がより大きくなった場合に"**債務超過**"になった会社の場合にも，おかしな事態が起こる。たとえば，⑧について，ちょっと，考えてみよう。

資金の回転効率(期間)の分析

以下の⑪〜⑬は，それぞれの資金のカテゴリー(区分)ごとにみた，

回転効果を示すものである。回転率と回転期間という指標は，分母，分子に挿入する項目をみると，各資産（ないし資本）と売上高の位置が逆転している，"逆数"の関係にある。したがって，⑪のような"回転率"でみた場合は，その値は，大きいほうがそれだけ資金の回転効率はベターといえる。これに対して，⑫や⑬のような期間数でみる場合は，小さい（短い）ほうがベターであるといえる。

⑪　**総資本回転率**（単位：1年当たり〇〇回）

$$総資本回転率 = \frac{売上高}{期首・期末平均総資本}$$

⑫　**売上債権回転月数**（単位：1回転するのに〇〇ヵ月）

$$売上債権回転月数 = \frac{期首・期末平均売上債権在高}{売上高 \div 12}$$

⑬　**在庫（棚卸資産）回転日数**（1回転するのに〇〇日）

$$在庫（棚卸資産）回転日数 = \frac{期首・期末平均棚卸資産在高}{売上高 \div 365}$$

生産性の分析

$$生産性 = \frac{産出（アウトプット）}{投入（インプット）}$$

うえのような関係にあてはまることがらである場合には，さまざまなモノの生産性が測定されてもよいはずである。それらのうち，産出の値の単位が，いろいろな物量で表される場合は **"物的生産性"** という。そして，金額単位で表される場合には **"価値的または貨幣的生産性"** とよばれる。企業のなかでも，製造現場などでは前者の物的生産性（たとえば，自動車の"1日当たり製造台数"）が，経理部では後者の貨幣的生産性（たとえば，1人当たり売上金額）が頻繁に使われる。

つぎの⑭は，貨幣的生産性を表す典型的な指標である。

⑭　従業員[1] 1人当たり売上高（単位：1人当たり〇〇万円）

$$従業員1人当たり売上高 = \frac{売上高}{期首・期末平均従業員数}$$

> 1）　従業員数は，非会計的数値であるが，有価証券報告書の「第一部企業情報第1企業の概況」に，その記載がある。たとえば，ソニー㈱の場合は，平成12・13年度は，それぞれの期末在籍者数は，181,800人・168,000人であった。元来，従業員数という数値は一種のフロー（変動）量であるが，データとして入手可能なのは，この期首・期末従業員数だけである。したがって，その期中平均数は，他のストック（在高）量（貸借対照表上の数値）と同様にして求める。

分配性の分析

　企業が達成した経営成果は，それぞれのステイクホルダーに応分に分配されるべきであろう。さもなければ，バーナード（Barnard, C.I.）がいった"**誘因**"と"**貢献**"のバランスが取れなくなってしまい，組織の均衡は図れなくなる。

　経営成果が，はたして公平に分配されて，将来の成長・発展が期待できるかいなか。そのいかんによって，ステイクホルダーは，今後，その企業活動へ参加するかどうかを意思決定しなければならない。

　そのとき，経営成果の指標として，よく用いられるのは，利益やキャッシュ・フローのほかに，"**付加価値**"などがある。付加価値は，それぞれの企業の内部で創造された正味の価値を表したものである。ここでは，損益計算書と利益処分計算書をデータ源として得られるもので，株主への分配の程度を示す"配当性向"のみを取りあげる。

⑮　配当性向

$$配当性向 = \frac{（年間）配当額}{当期利益} \times 100　（\%）$$

　目安としては，低いよりも高いほうが，株主の富の増大に対して，よ

りよく報酬を与えていることになるが，それはあくまでその期だけに限った，短期的な評価でしかない。さらに，安定して，そういった**株主優遇**が認められるかいなかは，この指標だけで判定できるものでもない。また，この指標が，時系列的にみて安定しているかどうか，という見方も，必要であろう。

株式評価の指標

その時どきの株式市場における企業の評価結果は，株価に現れる。しかし，上場されている企業においても，ときに過大に，あるいは逆に過小に評価されているといったことはよくある。

それは，すでに述べたように，"**情報の非対称性**"がその原因である場合もある。また，政策の大きな変化・スキャンダルとか，デマとか，なにかに対して過敏な反応がしばしば起きることがある。そんなときに，よく目安となる指標が，つぎの2つである；

⑯ **株価**[2)]**収益率**（PER：Price Earnings Ratio，単位：倍数）

$$株価収益率 = \frac{株価}{1株当たり利益^{3)}} \times 100（\%）$$

⑰ **株価純資産倍率**（PBR：Price Book-value Ratio，単位：倍数）

$$株価純資産倍率 = \frac{株価}{1株当たり純資産} \times 100（\%）$$

⑯は，かつてアメリカでは，20倍前後がボーダー・ラインで，それより上の場合は"売り"，下の場合は"買い"といわれたこともあった。しかし，日本だけでなく，アメリカにおいても，その意味は薄れてきているようである。

⑰も，同様に，ある程度の値より，上回っているか，下回っているかによって，ある時の**相場**がはたして"売り"なのか，"買い"なのかをみきわめるのに，よく用いられる。

図表 4 - 2　ソニー㈱のファイ

	指標名	定義式
①	流動比率	流動資産÷流動負債
②	当座比率	当座資産÷流動負債
③	固定比率	固定資産÷自己資本(資本合計)
④	固定長期適合率	固定資産÷(自己資本+固定負債)
⑤	自己資本比率	自己資本÷総資本(負債・資本合計)
⑥	売上高（営業）利益率	営業利益÷売上高
⑦	総資産利益率（ROA）	(利払い前・税引き前)利益÷期中平均*総資本
⑧	自己資本利益率（ROE）	当期利益÷期中平均*自己資本
⑨	（対前期比）増収率	(当期売上高－前期売上高)÷前期売上高
⑩	（対前期比）増益率	(当期利益－前期利益)÷当期利益
⑪	総資産回転率	売上高÷期中平均*総資本
⑫	売上債権回転月数	期中平均*売上債権÷(売上高÷12)
⑬	在庫回転日数	期中平均*棚卸資産÷(売上高÷365)
⑭	従業員1人当たり売上高	売上高÷期中平均*従業員数
⑮	配当性向	(年間)1株当たり配当額[*1]÷1株当たり利益[**1]
⑯	株価収益率（PER）	株価÷1株当たり利益[**1]
⑰	株価純資産倍率	株価÷1株当たり純資産[**2]
⑱	インタレスト・カバレッジ・レシオ	(利払い前・税引き前)利益÷(支払利息・割引料)
⑲	営業キャッシュフロー対流動負債	営業キャッシュフロー[***2]÷期中平均*流動負債
⑳	投資・営業キャッシュフロー比率	投資キャッシュフロー[***1]÷営業キャッシュフロー[***2]

注) 期中平均*；本文中,「期首・期末平均〇〇」としてあったものをこの表ではスペース節約のため「期中平均〇〇」と表示した。
　（年間）1株あたり配当額は, 提出会社ソニー㈱の「利益処分計算書」の株式配当金を発行済み株式総数で割って求めるが, ここでは有価証券報告書第一部第1【企業の概況】1.【主要な経営指標】に,「一株当たり当期純利益」・「一株当たり配当額」の記載があるので, それらを利用するとよいだろう
　1株当たり利益[**1]・一株当たり純資産[**2]；それぞれ, 期中平均発行済み株式数で割った値を計

ナンス分析指標（平成13年度）

単位	算式	計算値
％	(3,337,212÷2,558,496)×100	130.4
％	((851,123＋1363,652＋449,000)／2,558,496)×100	104.1
％	((313,054＋1,697,807＋1,411,666＋1,426,056)÷2,370,410)×100	204.5
％	((313,054＋1,697,807＋1,411,666＋1,426,056)÷(2,370,410＋3,256,889))×100	86.2
％	(2,370,410÷8,185,795)×100	29.0
％	(134,631÷7,578,258)×100	1.8
％	(92,775＋461,179＋36,436)÷((8,185,795＋7,827,966)÷2)×100	7.4
％	(15,310÷((2,370,410＋2,315,453)÷2))×100	0.7
％	((7,578,258−7,314,824)÷7,314,824)×100	3.6
％	((15,310−16,764)÷16,764)×100	−8.7
○回／1年	(7,578,258÷((8,185,795＋7,827,966)÷2))×100	0.95
○○月	((1,404,299＋1,363,652)÷2)÷(7,578,258÷12)	2.19
○○日	((1,404,952＋1,363,652)÷2)÷(7,578,258÷365)	66.7
百万円／1人	7,578,258÷((181,800＋168,000)÷2)	43.3
％	(25.00÷32.22)×100(％)	77.6
○○倍	((10,340＋3,960)÷2)÷16.72	427.63
○○倍	((10,340＋3,960)÷2)÷(2,370,410÷((＋)÷2))	2.78
○○倍	(92,775＋461,179＋36,436)÷(461,179＋36,436)	1.19
％	737,596÷((2,646,740＋2,558,496)÷2)	28.3
％	(△767,117÷737,596)×100(％)	−104.0

算するとよいが，ここでは，有価証券報告書第一部第1【企業の概況】1.【主要な経営指標等の推移】にそれぞれ記載があるので，それらを利用するとよいだろう。
投資キャッシュフロー[***1]・営業キャッシュフロー[***2]は，本書の図表3－6の「ソニー㈱の連結キャッシュ・フロー計算書」から，計算によって求めてもよいが，有価証券報告書第一部第1【企業の概況】1.【主要な経営指標等の推移】にそれぞれ記載があるので，それらを利用するとよいだろう。

第4章　ビジネス・ファイナンスの情報分析

2） 株価は，日々刻々と変化する数値である。したがって，PERにせよPBRにせよ，株価自体の変化につれて連動するので，投資家たちは日々の株式評価を行なう必要がある。ここでは，練習として，この指標を算出するので，期中の最高値(さいたかね)と最安値(さいやすね)の単純平均を，分子の「株価」に算入して，それぞれPER・PBRを求めてみよう。ソニー㈱の平成12・13年度は，各期の最高値・最安値は（これも「有価証券報告書」（第一部第4提出会社の状況4．株価の推移）からデータを入手して），それぞれ，15,100〜7,510円（平成12年度），10,340〜3,960円（平成13年度）と求まる。

3） 一株当たり○○という時，「（普通株式）発行済み株式総数」が必要になるが，有価証券報告書の第1［企業の概況］1［主要な経営指標等の推移］のなかに記載がある；ソニー㈱の平成12〜13年度末は，それぞれ，919,617株および919,744株であった。ちなみに，一株当たり（当期純）利益・1株当たり純資産も，連結ベース・（提出）単独会社ベースの双方の記載も，同じところにみられるので参照のこと。

その他の指標

⑱ インタレスト・カバレッジ・レシオ（利子補償倍率，単位：倍数）

$$\text{インタレスト・カバレッジ・レシオ} = \frac{\text{利払い前・税引き前利益（EBIT）}}{\text{金融費用（支払利息・割引料）}}$$

すでに述べた(イ), (ロ)のような支払能力を測定しようとする指標は，いずれも貸借対照表上のストック（在高）数値を用いている。これに対して，このインタレスト・カバレッジ・レシオは，比較的新しいもので，フロー（資金流入・出高）値を用いている。いわゆる"本業"での成果によって，借金の返済・利息の支払いを賄いきれているかどうか，を判定する指標として，重要視されるようになってきた。目安としては，1.00以上で，かつ高ければ，それだけ借り入れに対する支払能力もより高い。

⑲ 営業キャッシュフロー[4]対流動負債比率

$$\text{営業キャッシュフロー対流動負債比率} = \frac{\text{営業キャッシュフロー}}{\text{期首・期末平均流動負債}} \times 100(\%)$$

4）営業キャッシュフローおよび*⁵投資キャッシュフローは、ともに、図表3－6のキャッシュフロー計算書に掲げられている数字から計算してもよいが、有価証券報告書（注3参照）にそれらの記載があるので、それを利用するとよいだろう。

⑳　**投資・営業キャッシュフロー比率**（単位：％）

$$投資・営業キャッシュフロー比率 = \frac{投資キャッシュフロー}{営業キャッシュフロー} \times 100（\%）$$

⑲と⑳は、キャッシュ・フローを用いた指標であるが、式中の"営業キャッシュフロー"は、第3章でも例示したキャッシュ・フロー計算書に計上された数値であり、わが国では上場企業に関しては連結決算ベースで外部にも報告された値を用いることができる。

この2つの指標を求める理由は、⑲のほうは、ストック値をフロー値に換算した支払い義務に対し、それに対応する資金準備に当てられるフローを緻密に計算して求めた資金フローの値を対比させて、支払能力をみるためである。そして、⑳のほうは、投資に必要な資金を本業から得る資金でどれほどカバーできるのかをみるためのものである。

本章の残り部分では、前章で例示した、ソニー㈱の平成12～13年度の連結決算数値を用いて、上記の①～⑳の指標を求めてみよう。第2章でみた、わが国金融庁の行政サービスによる「EDINET」から得た有価証券報告書上のデータを利用し、かつ、表計算ソフトMicrosoft Excelを用いて、図表4－2のような計算結果で各指標が求められる。

《参考文献》

チャック・クレマー、ロン・リット、ジョン・ケース著、菊田良治訳『財務とは何か』日経BP社、2001年

青木茂男『要説　経営分析』森山書店、2001年

渋谷武夫『経営分析の考え方・すすめ方（第2版）』中央経済社、2001年

鳥邊晋司・東原英子『会計情報と経営分析』中央経済社、1996年

《いっそう学習（や研究）をすすめるために》

K.G. パレプ・V.L. バーナード・P.M. ヒーリー著，斉藤静樹監訳『企業分析入門［第2版］』東京大学出版会，2002年

E. ヘルファート著，岸本光永監修『ヘルファート　企業分析』中央経済社，2002年

　いずれも翻訳で，分厚いものであるが，分析の実力を養ううえで恰好の書物。

末政芳信『ソニーの連結財務情報』清文社，2001年

　本章でとり上げた㈱ソニーの連結ベースでの情報分析を行なううえで大いに参考となろう。

補遺A　ファイナンス分析で用いるグラフの適用例

一般によく用いられるパターンを掲げたものにすぎないので，適宜，プレゼンテーション効果を考えて，各自で応用を図ってみるとよいだろう。

グラフの種類	適用例 クロスセクショナル 横　断　面比較・分析	タイムシリーズ 時系列比較・分析
縦棒・横棒グラフ	(例)同業他社との絶対額比較　売上高・利益など	(例)ある会社絶対額データのすう勢（売上高・利益）など
折れ線グラフ	(例)他社・業界平均値との絶対額・相対値比較　売上高・利益や利益率など	(例)ある会社相対値データのすう勢（利益率その他）など
円グラフ	(例)売上構成比・原価構成比・市場占有率など	
ドーナツ・グラフ		(例)売上構成比・原価構成比・市場占有率の趨勢など
積み重ねグラフ　面（層）グラフ	絶対額の構成比較およびその時系列（趨勢）比較など	
レーダー・チャート	ある会社とその同業他社（業界平均）のデータ値比較など	ある会社を多次元からみた総合評価ないしその趨勢など
（棒・折れ線）混合グラフ		絶対値・相対値データの同一図上での絶対値・相対値比較など
散布図・相関図	各指標（2変数）間の影響度・独立～従属関係など	時系列データ相互の影響度・独立～従属関係（"自己相関"）など

《レビュー・アンド・トライ・クエスチョンズ》

① ソニー㈱以外の会社を1社選び，「EDINET」上からデータを採取したうえで，本章で取りあげた①～⑳の指標を算出してみなさい。

② ①で選んだ会社と同業（競争相手）他社の1社を選んで，2つの会社の経営比較をしてみなさい。表のみでなく，できるだけ各種のグラフ（補遺A参照）も作成してみること。

第 5 章

ビジネス・ファイナンスの情報分析・統合と企業評価

本章のねらい

ビジネス・ファイナンスに関する分析された情報を活用して，いかに適切でタイムリーな意思決定・行動をとるのか。

本章を学習すると，以下のことが理解できるようになる。

① ビジネス・ファイナンスの情報分析と統合
② 分析指標の発展と背景
③ 企業の格付け評価

1 ビジネス・ファイナンスの情報分析から統合へ

「**分析する**」（analyze）という行為は，ただそれだけで自己完結してしまってよいわけはない。それは，さらに「**統合する**」（synthesize）ことで，当初の目的が達成できるはずである。

いろいろな分野で，分析は必要となる。医学，物理学，化学あるいは，社会学，政治学，経済学，さらには心理学，哲学，音楽，美術などでも「分析」は行なわれている。もとより，ビジネス・ファイナンスの分野においても，例外ではない。

ビジネス・ファイナンスでは情報分析が終わった後，次のプロセスとして，集まった情報を統合する。そして，さらに「**企業評価**」を行ない，ステイクホルダーは，それぞれの立場で意思決定し，行動へと向かうのである。

ところで，第4章でもみてきたように，ビジネス・ファイナンスでも，企業の状態・成績を"分析"した結果得られた，**意思決定のために必要とされる指標**は，その数があまりにも多い。それらの典型的な情報源である，決算書のうえにも実にたくさんの項目が並んでいる。そして，決算書を作成するときに従わなければならない会計諸規則はしばしば変更されることもある。

したがって，ビジネス・ファイナンスの決定や行動のための"手段"となる指標があまりにも多すぎるうえに，指標自体が不安定で，信頼性にも問題があるという。そこで，その取捨選択の際にさえ判断が必要になりかねないのである。

以下では，ビジネス・ファイナンスの意思決定のための諸指標が，これまでどのような経緯で生まれ，かつ体系化して利用されてきたか，を略説する。そのうえで，ビジネス・ファイナンスに関する意思決定のた

めの指標の絞りこみ，すなわち分析して求められた情報の"統合化"にあたって，いったいどのような方法が考えられるのか，を吟味していこう。

2 ビジネス・ファイナンス分析指標の発展・経緯

デュポン社のROI

　前章でも取りあげたように，ビジネス・ファイナンスのための指標の開発は，まず，「**信用分析**」の必要から，**銀行家比率**などの指標を用いた支払能力分析から始まっている。ついで，後々の時代に及んでも影響が大きかったのは，アメリカの大手化学会社デュポン社が，"ROI（**資本利益率**）"を頂点にすえた，ピラミッド型の分析指標体系を設けて，経営の計画・統制に利用したということである。

　その利用は，簡単に図解して示すと，図表5－1のようである。

　この図表5－1で示されているように，"**資本利益率**"は，その分母すなわち"資本"の逆数に「売上高」という因子をかけた"**資本回転率**"と，他方，分子の利益を同じ「売上高」で割った"**売上高利益率**"とに分解される。この投資収益率が，デュポン社の場合には最高の経営指標とされたのである。

図表5－1　デュポン社の経営分析指標システム

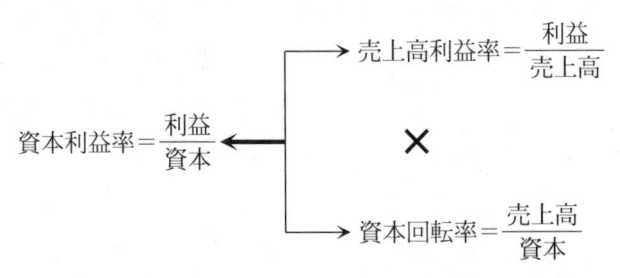

$$\text{資本利益率} = \frac{\text{利益}}{\text{資本}} \quad \begin{cases} \rightarrow \text{売上高利益率} = \dfrac{\text{利益}}{\text{売上高}} \\ \qquad\qquad \times \\ \rightarrow \text{資本回転率} = \dfrac{\text{売上高}}{\text{資本}} \end{cases}$$

そして，その目標を達成するためには，一方で売上高利益率は○○％に，他方で資本回転率は○○回転に，というように，経営の改善方向を具体的に求めていったのである。また，逆に，事後になってから，その目標が達成できた，できなかった原因はいったいどこにあったのか，といった原因追究を行なうことによって，部門別の統制・業績管理にも役立てたのである。

したがって，売上高利益率をさらにあげたいといった場合，ⓐ 販売価格を引きあげる，ⓑ 価格の引きあげが無理ならば，売り上げ増大を目指し，セールス担当者に新たな目標を課す，などといったさまざまな方策を講じることになる。また，遊休資産を処分するなり，債権回収を早めることによって，資本回転率の改善を図るための代替案が模索されるのである。

さて，**デュポン社**の指標システムは，元来，経営の目的で企業内部での利用を意図したものであった。けれども，その考え方や方法は，決して企業内部の経営管理者にとどまらず，企業外部者にとっても可能でかつ有用であるならば，さらにもっと利用されてよいだろう。

資金繰りが逼迫し，**粉飾決算**に走った企業についても，うえで述べた分析を行なっていくと，どこかに異常な点を発見することもある。

交叉分析の意味と付加価値

しかし，このデュポン社のシステムと同様な分析方法（「**交叉分析**」という）は，第4章で紹介した「**付加価値**」分析の場合に行なわれることがある。発生主義会計の下で算定された「利益」や，現金主義で求められた「キャッシュ・フロー」とならんで，経営成果の1指標である"付加価値"は，以下の式によって求められる。

［加算法］
　付加価値＝人件費＋その他分配項目（賃貸料・租税公課・金融費用など）
　　　　　＋利益
［控除法］
　付加価値＝総産出価値－前給付原価（原材料費・外注工賃その他外部購
　　　　　入価値）

　この"付加価値"は，経営成果を表す他の指標より，さらに別な場合に，たとえば，**成果分配の意思決定**（わが国ではかつて"春闘"といわれたように定期的に経営者・従業員組合間で賃上げ交渉が行なわれた）の際に必要な情報とされることがある。その時の交叉のしかたは，たとえば，以下のようである。

$$\text{資本分配率} = \frac{\text{利益}}{\text{付加価値}} = \frac{\text{利益}}{\text{売上高}} \times \frac{\text{売上高}}{\text{付加価値}}$$

$$\text{労働分配率} = \frac{\text{人件費}}{\text{付加価値}} = \frac{\text{人件費}}{\text{従業員数}} \times \frac{\text{従業員数}}{\text{付加価値}}$$

　上の式（売上高÷付加価値）は"**付加価値率**"の逆数である。そして，下の式における（従業員数÷付加価値）は，"従業員1人当たり付加価値"，すなわち"**付加価値生産性**"の逆数である。いずれにせよ，このような指標の分解によって，資本提供者，労働力提供者といった各ステイクホルダーに対して，それぞれの指標の値が上下することの意味合いがいろいろな角度から推し量ることが可能となる。

ウオールの指数法

　分析のための指標は，そのほかにも有意義な発展の経緯があった。その代表的な動きのひとつとして，「**ウオールの指数法**」とよばれるものがある。図表5－2は，その方法の骨格を例示している。
　それは，経験から得られた実務的な手法であるが，その趣旨は，多数

図表5－2　ウオールの指数法

指標名	ウェイト (1)	標準比率 (2)	実際比率 (3)	関係比率 (4)＝100×(3)÷(2)	評価 (5)＝(1)×(4)÷100
流動比率	20%	200%	180%	90.0	22.5%
資本負債比率	25	160	150	93.8	23.4
固定比率	15	220	210	95.5	14.3
商品回転率	10	600	500	83.3	8.3
売上債権回転率	10	500	420	84.0	8.4
固定資産回転率	10	400	360	90.0	9.0
自己資本回転率	5	240	160	66.7	3.3
指数	100				67.0

の指標群をできるだけより少数の（ウオールが選んだのは，"流動比率"，"資本負債比率（（自己）資本÷負債）"，"固定比率"など，の7指標）指標群に絞り込もうということである。もっとも，この絞り込みにあたっては，恣意性がかなり入り込む余地が残っている。

統計学的分析手法の適用

このような萌芽的なモデルに対して，他の研究分野でも説明・予測を有効にした統計学的なモデルの開発がみられた。これを受けて，企業評価の問題にも，その適用が進んでいった。それらの適用例は，図表5－3に示している。

図表5－3は，企業評価へ統計学的手法を適用した例を，網羅的に表示したものでは決してない。この表に掲げなかったものでも，さらに，それらのほかにも，もっと多くの手法（たとえば，**時系列モデル**では，"AR（自己回帰）モデル"と"MA（移動平均）モデル"を合体させた**ARMAモデル**，**多変量解析手法**として"因子分析"，その他に"探索的データ解析"，"プロビット分析"）の利用が，すでに試みられてきた。ここでは，それらのうち，ごく代表的なものを示しただけにすぎない。

図表5－3　企業評価のための統計学的分析手法の適用

統計学的分析手法名	分析の目的	分析方法・内容	適用モデル等の例
基本統計量分析	諸指標の分布特性を比較	平均値・標準偏差・分散などの算出・大小・増減などをみる	官庁や調査機関などによる各種企業統計資料
単回帰分析	マクロ経済等外生変数と個別企業データとの関係、時系列データ比較(自己回帰)など	(単一)説明変数と被説明変数の関係・影響度をしらべる	売上高・利益・株価の予測/(W.ビーバーによる)倒産予測モデルなど
重回帰分析	マクロ経済等外生変数と個別企業データと(ないし相互間)の関係、時系列(多元)データ比較など	(任意の複数)説明変数と被説明変数の関係・影響度をしらべる	売上高・利益・株価等の予測
主成分分析	より少数の変数組み合わせで総合的に評価	説明にあたって寄与率の高い変数組み合わせ・主成分をしらべる	日本経済新聞社の企業評価モデル("プリズム")など
クラスター分析	企業を(複数)類似グループ・タイプ別に分類する基準の模索	(複数)変数の類似度をしらべ、クラスター(かたまり)に分ける	(古川浩一らによる)企業(分類)評価モデル
判別分析	企業を倒産・非倒産企業など2つ以上の別グループ・タイプのいずれかに分類する(正規分布型)変数の選択	(複数)説明変数と被説明変数(グループ)の関係・判別力をしらべる	(E.I.アルトマンによる)倒産予測モデルなど
ロジット(またはロジスティック回帰)分析	企業を倒産・非倒産企業など2つ以上の別グループ・タイプのいずれかに分類する変数(分布型不問)の選択	(複数)説明変数と被説明(とくに2分)変数の関係・判別力をしらべる	(オールソンほかによる企業倒産予測モデルなど)

　このように、統計学的手法の適用により、より科学的で、客観的な企業評価モデルが開発されるようになった理由には、ハードウェア面での計算機（コンピュータ）技術の開発・発展がある。それともあいまって、分析に必要なデータが比較的容易・大量に収集可能になったこと、統計パッケージ・ソフトの普及といったソフトウェア面での進歩があったことを忘れてはならない。

　さて、前で述べたような統計的分析手法の適用により、図表5－3でも示したような"**企業評価モデル**"や"**倒産予測モデル**"の構築までのプロセスにおいて、新たに有意な指標が発見されることもありうる。たとえば、**ビーバー**（Beaver, W.）の倒産予測モデルにおいては、「キャッシュ・フロー（「利益＋減価償却費」で求められる）対総負債比率」とが、企業倒産の説明や予測に有力であることが明らかにされた。また、インタレスト・カバレッジが有用であるといわれるようになったのも、比較

的より最近である。

　さらに，近年になってからも，ビジネス・ファイナンスの分野で新たな測定値や指標が考案され，その有用性が主張されている。たとえば，"EVA（Economic Value Added，**経済付加価値**）"や，"FCF（Free Cash Flow：**フリーキャッシュ・フロー**）"，EBITDA（Earnings before Interest, Taxes, Depreciation & Amortization；利払い前・税引き前・減価償却前利益）を用いたものなどがある。今後も，さらに，そうした新たな測定値や指標が考案されていくであろうが，諸方面で用いられている他のさまざまな標識（シグナル）と同様に，ビジネス・ファイナンスの意思決定に有用な指標が，各ステイクホルダー自身によって，適宜，求められなければならない。他者に任せておくのではなく，有用な指標はみずから探索する努力も必要なのである。

3　企業の格付け評価(ランキング)とその今後

債券格付け

　まず，企業の格付け評価（ランキング）の問題に立ち入る前に，それとは似て非なる「**債券格付け**」について吟味しておこう。なぜならば，企業や国・地方公共団体や学校その他の法人などが，不特定多数の第三者から資金調達を行なうために発行する有価証券（債券）だけの評価と，企業全体の評価とは，まったく無関係ではないからである。

　すなわち，前者は文字どおり「債券格付け」とよばれるのに対して，後者はその債券の「**発行体格付け**」とよばれている。つまり，同じ発行体が発行した債券であっても，その発行時期，（満期）償還時期，利子率，担保の有無などの条件の違いによって，格付けが違うこともありうる。

さらに，同じ時期に発行された債券であっても，発行体が官公庁であるのか民間事業会社なのか，あるいは，どの産業に属する会社のものなのか，同業種であっても業績の違いなどによっても，格付けは異なってくるのである。他方，発行体格付けが，企業格付けということになるが，それには多くの問題が残されており，信頼性が高く，一般的に定評のある企業格付け評価法は，いまだないといって良いだろう。

　しかしながら，債券の格付け評価については，当初はアメリカで生まれた，専門の格付け機関会社**スタンダード・アンド・プアーズ（S&P)社** (http://www.standardandpoors.com/japan/) や**ムーディーズ社** (http://www.moodys.co.jp/ssl/)，さらにわが国でも，**㈱格付投資情報センター（R＆I）** (http://www.r-i.co.jp/jpn/) などを中心に，今日では，その方法も進化している。そして，一般に信頼性も高まり，かつ利用も広い範囲にわたって行なわれてきている。そこで，以下では，その方法を素描してみよう（図表5－4参照）。

図表5－4　債券格付けの定義例（㈱格付投資情報センター）

長期債（長期優先債務格付けおよび個別債券格付け）の場合

AAA	債務履行の確実性は，もっとも高く，多くの優れた要素がある。
AA	債務履行の確実性は，きわめて高く，優れた要素がある。
A	債務履行の確実性は，高く，部分的に優れた要素がある。
BBB	債務履行の確実性は，十分であるが，将来環境が大きく変化した場合，注意すべき要素がある。
BB	債務履行の確実性は，当面問題ないが，将来環境が変化した場合，十分注意すべき要素がある。
B	債務履行の確実性に問題があり，絶えず注意すべき要素がある。
CCC	債務不履行に陥っているか，またはその懸念が強い。債務不履行に陥った債権は，回収が，十分には見込めない可能性がある。
CC	債務不履行に陥っているか，またはその懸念がきわめて強い。債務不履行に陥った債権は，回収がある程度しか見込めない。
C	債務不履行に陥っており，債権の回収もほとんど見込めない。

注）プラス(＋)，マイナス(－)表示
　AA格からCCC格については，上位格に近いものにプラス，下位格に近いものにマイナス表示をすることがあります。なお，CC格には，契約内容等による債権者の地位や回収の可能性を反映して，長期優先債務格付けと異なる格付けをする場合，プラス，マイナスを付けることがあります。
出所）http://www.r-i.co.jp/jpn/より

図表 5－4 は，債券格付けのなかでも，とくに長期債だけの定義であるが，このように簡単な記号で，債権の保有者・売買予定者が意思決定する際に，わかりやすい形でシグナルを提供している。これらの格付け結果が，ただ記号だけで伝えられること自体，あまりにも簡単化されすぎたきらいがある反面，きわめて直截的でわかりやすいという利点もある。むしろ，「このようなシグナルによる判定結果が，一体どのようなプロセスを経て出されたのか」，"ブラック・ボックス（暗箱）"のなかでのプロセスで行なわれた情報分析と評価について納得できるかいなかによって，このような格付け評価に対する信頼性が決まるだろう。

　そのなかでの情報収集とその分析プロセスについて，不透明感が拭えない場合，当然ながら，評価結果に対しても疑問が残るであろう。しかしながら，これまでのところ，このようなシステムによる格付けは，継続して行なわれているだけでなく，利用されてきている。

IR の重要性

　格付けには，依頼者が専門機関に依頼して行なわれる場合と，依頼が事前になくても格付け機関が自発的に格付け評価を行なっている場合と，がある。後者の方は「**勝手格付け**」とよばれている。

　債券評価にとどまらず，発行体評価，すなわち企業全体の評価にまで進んで，格付けシステムが一般に信頼され，かつ利用されるまでに，現在より以上に，適切な**ディスクロージャー**を行なうことに期待が高まっていくことであろう。そして，それをより推進していく原動力になりうるのが，IR（Investor's Relations）である。

　それは，新聞紙上などでは，簡単に「**投資家向け広報**」などという注釈が付け加えられている。だが，これよりもさらによりくわしいのが，**日本インベスター・リレーションズ（ＩＲ）協議会**（https://www.jira.or.jp）の定義である。すなわち，ＩＲとは，「企業が株主や投資家に対

し，投資判断に必要な情報を適時，公平，継続して提供する活動の全般」を指すのである。

したがって，これまでの単なる広報活動の範囲を超えて，今日利用できるようになった，さまざまなマルチメディアを駆使して，タイムリーでかつ十分な量・質をもともなった情報の授受が，今後ますます盛んになっていくことだろう。

略称を使うならＴＰＯを考えて！

皮肉っぽい見出しでゴメン，…。今日，大学のなかで，あるいは，身の回りでも，やたら略称が目立つ。学生諸君の間でしか伝わらないような暗号のような"言葉"などもあるようだが，もとは英語で，いくつかの単語が集まって意味のある言葉を略して使うとき，それぞれの単語の頭文字だけを取って，それで略称にすることがよくある。

いくつかの例をあげてみても，"CD"，"FA"，"FD"，"LP"，"PL"，などなどである，…。ところが，困ったことに，それらは，時（Time）・ところ（Place）・場合（Occasion）によって違う意味で使われる，ということもよくある。知ったかぶりでいたところ，とんちんかんなことを考えていたり，言ってしまったりということにならないように気をつけたいものだ。ところで，"IR"についても然り。インターネットを駆使して，何かをひきだすこともIR（Information Retrieval）である。また，企業のなかでも，昔なら，労働者・使用者間での（賃上げなどの）交渉もIR（Industrial Relations）だったのである。

そして，本章で取り上げたIRは，PR（Public Relations，広報活動）との比較を意識して，その略称が用いられたそうである。PRの場合は，その対象者は一般大衆・顧客だったが，IRの対象者は，資金提供者（スポンサー）たる，株主はじめ一般投資家，債権者，アナリストやジャーナリストだから，ＰＲと混同したような活動は，本来のIRとはいえないだろう。

《参考文献》

基礎的な事柄をまずしっかりと，……；

小山明宏『財務と意思決定』朝倉書店，2001年

㈱格付投資情報センター編『債券格付けの知識』日本経済新聞社，1998年

坂東恭一『格付けと格付け機関のことがわかる本』二期出版，1998年

《いっそう学習（や研究）をすすめるために》

奥野忠一・山田文道『情報化時代の経営分析』東京大学出版会，1978年
　ファイナンス情報分析への統計的手法の応用については，バイブル的存在である。

古川浩一『財務分析の研究』同文舘，1988年

岡東　務『債券格付けの研究』中央経済社，1998年

近藤一仁・岩田宣子『投資家・アナリストの共感をよぶ　IR』東洋経済新報社，2001年
　とくに，債券格付け・IR については，それぞれ上記の2点をみてみよう。

《レビュー・アンド・トライ・クエスチョンズ》

① 第4章で，選んだ企業について，ウォールの指数法によって採点して，評価せよ。
② ㈱格付投資情報センター（R＆I）のHP（ホーム・ページ）を開き，Moody's 社や S&P 社の格付けと比べてみて，どこが同じでどこが違うか気が付いたところをリポートせよ。
③ 日本インベスター・リレーションズ協議会のHPも開いてみて，関心をもった企業についてリポートせよ。

第6章

ビジネス・ファイナンスのセグメント別情報分析

本章のねらい

　本章では，ビジネス・ファイナンスのセグメント別情報分析を外部分析と内部分析に分けて解説し，なぜ企業全体の情報分析に加えてセグメント別情報分析が必要とされるのかを検討する。

　本章を学習すると，以下のことが理解できるようになる。

① 企業外部者と内部者によるセグメント別情報分析
② 責任会計システムとセグメント別情報分析

1　企業外部者によるセグメント別情報分析

ビジネス・ユニットごとの分析

　第4章，5章で展開されたビジネス・ファイナンスの情報分析に関する議論は，企業全体もしくは企業グループ全体に関するものであった。しかし，多くの企業は，事業部や部門，カンパニーとよばれる複数の**ビジネス・ユニット**から構成されている。こうした企業の内部構成に目を向けて，ビジネス・ユニットないしはプロジェクトごとの情報分析を「**セグメント別情報分析**」という。

　セグメント別情報分析には，企業の外部者が行なう「**外部分析**」と企業の内部者が行なう「**内部分析**」とがある。ただし，外部分析の場合は，セグメント別の会計情報の入手が企業全体の会計情報の入手より困難であるので，新聞などの各種メディアの断片的な情報によらざるをえない場合が多い。さらに，プロジェクトごとの会計情報の入手は，企業外部者にとってはほとんど絶望的である。

セグメント別外部分析へのニーズ

　しかしながら，セグメント別情報入手の困難性は，外部分析の「不要論」を意味していない。むしろ，つぎの理由によって，セグメント別情報分析の需要は，高まってきている。第2章で議論した**加重平均資本コスト**は，企業外部者である投資家からみれば，当該企業に対する平均的な要求利益率を意味する。

　つまり，事業部ごとの事業別リスクがあって，その事業別リスク全体の平均値が，加重平均資本コストなのである。しかし，別事業であれば当然，資本コストは異なるであろうし，同一事業であっても国内子会社

と海外子会社では資本コストが異なるのは，当然である。

　また，投資家が投資しても，そのお金が投資家が期待する事業に振り向けられるとは限らない。そうすると，第1章で議論したように株主の富の最大化を目指す経営者は，事業別リスクそのものを市場で評価してもらうために，投資家により詳細な投資メニューを選択する機会を与えるようになるだろう。

　その答えのひとつが，**トラッキング・ストック**（tracking stock）による方法である。これは，特定の子会社ないし事業部の業績を配当に連動させる株式であり，子会社連動株式，事業部門株式などとよばれる。

　トラッキング・ストックの発行によって資金を調達できると同時に，子会社や事業部門の業績が，その株価に反映される。調達した資金は，必ずしも対象部門に充当する必要はない。しかし，配当は，対象部門の利益に連動して発行主体の普通株主に優先して支払われる（コラム参照）。

　これまで投資家はさまざまな情報源から企業の事業部別リスクを計算し，それを総合的に判断していた。しかし，トラッキング・ストックの登場によって，より直接的かつ詳細な事業部別リスクを算定するために，セグメント別情報の開示を求め，そのための分析方法もより洗練されていくと思われる。

わが国におけるトラッキング・ストックの利用（抜粋）

　ソニーは，わが国初の子会社連動株式の発行に向け，平成13年1月に臨時株主総会を開催して定款を変更した。インターネット関連事業を手がける全額出資子会社であるソニーコミュニケーションネットワーク（SCN）を対象子会社とし，その業績に連動させて配当金を支払う新しい株式を普通株とは別の種類株式（一種の優先株）として発行しようとするものである。子会社連動配当金は，具体的には，SCNの取締役会が決議したSCN普通株式1株当りの配当金に基準比率を乗じた金額か，100,000円に基準

比率を乗じた金額のいずれか少ない額とされる。ここで基準比率とは，子会社連動株数とSCN普通株数の対応関係を表すものであり，最初の発行決議時におけるソニーの1単位の株数で1を除した数値である。ソニーの単位株数は100株であるから，0.01がその値になる。子会社株式を部分公開する場合には，前述したように支配権の希薄化が起るのに対して，TSによる場合は，100％の支配権を維持しながら資金を調達できるというメリットを享受でき，グループとしての一体性と戦略の自由度を確保しながらシナジー効果を最大限に追求できるというのが同社の主張である。

なお，同時に，配当可能利益をもっていつでも子会社連動株式を買い入れ消却できること，発行日から3年経過後の取締役会が定める日（一斉転換日）に所定数の普通株式に転換できること，3年経過前であっても強制終了ができること，などを定めている。

投資家には，企業全体ではなく関心のある事業だけを選別して投資する機会が与えられる。

TSのデメリットも指摘しておかなければならない。普通株主との間に利益相反が起る可能性である。TS株主から調達した資金は必ずしも対象部門に充当されるとは限らず，他部門のリストラ資金に回されるかもしれない。議決権が制限される場合は，株主の代表を取締役会に送ることもできない。取締役会のメンバーが2種類の株主の間で利害をどのように調整するかのルールを明確化するのは極めて困難であろう。とくに，事業部門株式の場合，いかなる会計ルールを選択するかによって部門利益と配当金が変化するから，その選択問題が論争の種になりうる。部門業績情報の開示がどこまで行われるかも不透明である。TS株主に対して法的な対抗措置がどこまで整備されるかは今後の課題である。

出所）佐藤紘光・飯泉清・齋藤正章『株主価値を高めるEVA® 経営』中央経済社，2002年

EVAは，Stern Stewart & Coの登録商標である。

② 企業内部者によるセグメント別情報分析

分権的組織の一般化

　企業規模の拡大や業務の多角化にともない，**集権的組織**が露呈したさまざまな欠点（たとえば，現場の情報をすべて本部に吸いあげようとするために時間がかかり，意思決定が遅れてしまう反スピード化や，情報の集約化のために硬直的な意思決定しかできなくなってしまう反弾力化）を解決するために，今日の企業では，**事業部制**とよばれる分権的組織が支配的な組織形態となっている。

　そこでは，業務遂行に関する意思決定権限が，大幅に事業部に委譲されて，**権限委譲**の対象とならない最小限の決定事項だけが本部や本社の所管に残される。各事業部は，この権限委譲を通じてあたかも独立した組織単位として行動する**自治能力**（autonomy）を得ている。

分権的組織の問題点の解消

　しかし，自治の許容によって本部に必然的に課される経営管理上の固有の課題も浮上する。すなわち，自由裁量の余地が増えるにしたがって，各事業部には利己的な行動選択を行なう余地が増大する。その結果，往々にして，組織全体の利益を犠牲にして，部門の利益追求を優先させようという気運が醸成されてしまうのである。

　したがって，事業部自治を認めながらも，こうしたセクショナリズムを排除して，各事業部に対して組織全体の共通利益に合致する行動をとらせることが，本社の経営管理上の課題となる。いいかえれば，組織全体の効率性と，構成要素間の**整合性（首尾一貫性）**が確保されるように，各部門の行動を調整し，統制することが，本部の課題となる。この課題

を解消するために，企業内部者によるセグメント別情報分析が必要となる。

3 責任会計システムによるセグメント別情報分析

事業部管理者の業績を評価するには，業績情報が事業部管理者別に把握されなければならない。それを可能にするには，一つひとつの会計データを「だれの責任に属するか」という責任者別の「ふるい」にかけて，収集する仕組みが存在しなければならない。

この考え方にしたがって会計情報を作成し，報告するシステムを**責任会計**（responsibility accounting）という。要するに，企業業績を**責任体系**（line of responsibility）にしたがって計画，測定，評価する会計システムが責任会計である。責任会計では，本部は各事業部に責任と権限を委譲し，体系的な委譲構造を形成する。一定の責任と権限を委譲された各事業部は，**責任センター**（responsibility center）とよばれる。

責任センターは，財務的な責任と権限の範囲に応じて，**コスト・センター，収益センター，プロフィット・センター，インベストメント・センター**の4つに分類される。当然，責任センターごとに，異なる業績測定および評価システムが適用されるが，会計データを利用する点では共通している。

以下では，これらの責任センターについて解説しよう。

コスト・センターの情報分析

コスト・センター（cost center）は，製品やサービスを産み出すための投入要素（原材料や労働，あるいは外部サービス）の組合せ（input mix）を原価として測定，集計し，その投入活動の効率性によって評価される責任センターである。したがって，最終的な製品やサービス

の販売についての責任や権限はなく,収益や利益で評価されることはない。

つまり,コスト・センターにとって管理可能な要因は,原価であり,収益や利益は管理不能要因である。そのような管理不能要因をコスト・センターの業績評価に含めると,評価がコスト・センターに制御不能な要因に左右されることになってしまう。

したがって,管理可能性の有無によって,コスト・センターで発生する原価を**管理可能費**と**管理不能費**とに区別し,管理可能要因に対してのみ責任を問うという考え方がとられる。これを一般に**管理可能性原則**(controllability principle)という。なお,コスト・センターの代表的な例として製造部門をあげることができる。また,サービス業のコスト・センターの例としては,病院における入院患者への食事サービス部門をあげることができる。

コスト・センターは,原価にしか責任をもたないので,より上位の管理階層がコスト・センターの生産量や予算を設定する必要がある。また,コスト・センターの業績は,一般に本部で設定された予算と実績の差異で評価されるので,その生産物つまり製品やサービスが測定可能でなければならない。

さらに,生産物の品質も容易に測定できることが重要である。これは,コスト・センターの管理者が原価でのみ評価されるので,品質を下げることによって,原価の低減を行なおうとするインセンティブをもつ場合があるためである。

したがって,そうした行動を監視するためには,生産物の品質を定期的に,あるいは抜き打ちでチェックする必要がある。品質の水準を決めるのも,本部の決定事項である。

コスト・センターに与えられる**原価低減の目標**は,つぎの2つに類型化される。ひとつは,所与の生産量で原価を最小化する場合であり,販

売価格や生産規模の決定に責任と権限をもつ本部が利益を最大化する生産量を設定できることが前提となる。もうひとつは，所与の予算の範囲内で生産量を最大化する場合であり，本部が適切な予算を設定することが必要となる。

コスト・センターに求められる原価の最小化が，「**平均原価**」の最小化を意味することがある。しかし，平均原価の最小化は，必ずしも利益の最大化をもたらさないことに注意しなければならない。

たとえば，あるコスト・センターの固定費が5,000万円で生産量1単位当たり変動費が8万円だとすると，生産量をxとして，このセンターの費用関数（TC）は，つぎのようになる（単位：万円）。

$$\text{TC} = 5{,}000 + 8x \tag{6.1}$$

したがって，平均原価（AC）は，つぎのようになる。

$$\text{AC} = \text{TC} \div x = 5{,}000 \div x + 8 \tag{6.2}$$

(6.2)式が示すように，生産量（x）が増えれば増えるほど，平均原価は減少する。そのため，コスト・センターの管理者は，極端な場合，増え続ける在庫に関係なく，生産量を増やし続けようとするであろう。それは，平均原価を引き下げる行動であるからである。

一般的に平均原価をコスト・センターの管理者の業績指標とする場合，過大生産や過少生産が生じやすくなる。そのどちらになるかは，利益を最大化する生産量と平均原価が最小化される生産量の関係によって決まる。

たとえば，図表6－1のような生産および販売計画を考えてみよう。売上総利益を最大化する販売および生産量は60単位であるが，平均原価が業績指標であるとすると，コスト・センターの管理者は，90単位を生産しようとするだろう。この場合，過大生産が行なわれることになる。

図表6-1　生産および販売計画と平均原価

生産および販売単位	販売価格	売上高	総原価	売上総利益	平均原価
10	35	350	780	−430	78.0
20	33	660	830	−170	41.5
30	31	930	900	30	30.0
40	29	1,160	990	170	24.8
50	27	1,350	1,100	250	22.0
60	25	1,500	1,230	**270**	20.5
70	23	1,610	1,380	230	19.7
80	21	1,680	1,550	130	19.4
90	19	1,710	1,740	−30	**19.3**
100	17	1,700	1,950	−250	19.5

収益センターの情報分析

収益センターは，製品の販売における収益に責任をもつセンターをいう。一般に**製品の販売**は，顧客の性別や年齢，地域性や季節性といったさまざまな要因に左右され，そうした詳細な情報は現場に偏在しがちである。それらの情報を本部でいちいち吸いあげて販売活動の意思決定を行なうよりも，販売の権限を収益センターに与えてしまったほうがよりよい成果が得られると期待されるときに，収益センターが設けられる。収益センターの代表的な例として，販売部門があげられる。

収益センターには，販売価格，製品の品質，予算に対する権限は与えられず，それらを制約条件として収益を最大化することが要求されるの

で，収益の内容が吟味される。

プロフィット・センターの情報分析

プロフィット・センター (profit center) は，複数のコスト・センターから構成されることが多い。プロフィット・センターの管理者は，固定的な資本予算を与えられ，その範囲内で，投入要素の組合せ，**プロダクト・ミックス**（製品の組合せ），販売価格および生産数量を決定する責任と権限を委譲される。したがって，プロフィット・センターは，投入（インプット）と産出（アウトプット）をそれぞれ費用と収益として測定し，その差額としての利益で評価される独立採算型の責任センターになる。

ある事業部が，プロダクト・ミックスや生産量，販売価格，品質といった決定事項について当該事業部にしか知りえない**特定的な情報**(specific information) を有していて，それを本部に移転するのが技術的，時間的，貨幣額的に困難である場合，当該事業部はプロフィット・センターとして設定される。

一般にプロフィット・センターは製品別に構成される。そのような**独立採算組織**を製品別事業部という。あるいは，事業部が顧客別・市場別・地域別に構成される場合もある。

プロフィット・センターの管理者の業績は，会計利益の予算と実績の差額によって評価される。図表6-2は，事業部損益計算書の一例である。

まず，売上高から変動製造原価を控除した差額を，一般に**製造マージン**という。それから変動販売費を控除した差額を**限界利益**とよぶ。この利益概念は，**固定費**を回収し，純利益を獲得するための原資の大きさをあらわす。限界利益は，売上高（ないし販売量）に比例して変動するので，利益計画や予算編成などの年次計画の立案，プロダクト・ミックス，

図表6－2　事業部損益計算書（プロフィット・センター）

売　上　高	1,200
変動製造原価	500
製造マージン	700
変動販売費	150
限界利益	550
管理可能固定費	50
事業部管理可能利益	500
管理不能固定費	150
事業部貢献利益	350
本部費負担額	50
事業部利益	300

製品価格の意思決定などに有用な会計情報となる。

　限界利益から当該事業部に帰属する管理可能固定費を控除すると，**事業部管理可能利益**が求められる。これは文字どおり，事業部長の采配がいかなる経営成果をもたらしたかを示すので，管理業績のよしあしを判定する指標となる。したがって，事業部長はこの数値に責任を負う。

　管理可能利益から事業部に帰属する管理不能固定費を控除すると，**事業部貢献利益**（contribution margin）が求められる。ここで，管理不能固定費とは，過年度において本部経営者が意思決定を行なって決めた，当該事業部に跡付けることができる固定費をいう。たとえば，機械・設備の減価償却費，保険料，固定資産税，などがあげられる。

　事業部貢献利益は，事業部の収益性を判断し，資源配分を決定する際の有用な会計情報となる。これから当該事業部のためにサービスを提供している本部スタッフの費用といった本部費などの共通費負担額を控除

すると，最終的な事業部利益が求められる。これは，独立採算組織としての事業部の存続可能性を判断する際の有用な会計情報となる。

事業部利益による業績評価方法は一見，単純である。しかし，プロフィット・センターが評価される事業部利益はつぎの2つの要因によって左右される。ひとつは，事業部間でやりとりされる製品やサービスの**振替価格**であり，もうひとつは，各事業部間に配分される**本部（本社）費**の問題である。

このように事業部間に相互依存関係が存在するときには，部門利益の最大化は，全体利益の最大化に必ずしも結びつかないという，いわゆる「**合成の誤謬問題**」が生じる。それはたとえば，ある事業部が自己の利益にのみ関心をもち，その結果として他事業部の収益や費用に与える影響を無視するような行動をとるような場合である。また，他事業部の生産物に関するよい「評判」にただ乗り（フリー・ライド）することによって，短期的利益を稼得しようとする。こうした行動を防ぐために，プロフィット・センターの管理者の報酬を自部門の利益だけに結びつけるのではなく，関連する他事業部，あるいは全社利益に結びつけることが必要になる。

インベストメント・センターの業績管理

インベストメント・センター（investment center）とは，プロフィット・センターに投資ないし資本支出の権限を付与した責任センターをいう。組織が肥大化するにつれて，投資機会に関する情報も各事業部に偏在するようになる。したがって，本部がそれらの情報を吸いあげて意思決定するよりも，各事業部に直接，意思決定させるほうがコストを節約させることになると期待される。

そこで，この組織単位はプロフィット・センターよりも独立採算性の高い責任センターといえる。このように，事業部をインベストメント・

センターとして位置づける場合，単に利益額の大小だけではなく，それと投下資本とを関係づけて，投下資本の効率的な活用を行なったかどうかで業績を評価しなくてはならない。

プロフィット・センターと同じように，インベストメント・センターの業績も事業部利益のみで測定されると，使用資本の効率性が問われないので，事業部利益をあげるために，事業部長は，過大投資するようになってしまうのである。伝統的には，以下で説明する事業部**資本利益率**（return on investment：ROI）が，業績指標として用いられる。

① 事業部資本利益率（ROI）

資本利益率は，つぎのように示される。

　　事業部資本利益率＝事業部利益／事業部投下資本

この業績指標は，事業部投下資本の効率性を事業部利益と関連づけて測定するので，インベストメント・センターの業績評価によく利用される。また，他部門や外部の競争相手の利益率との比較を容易にする，という利点もある。

さらに，事業部資本利益率は，つぎのように，**売上高利益率**と**資本回転率**，の2つの比率に分解することができる。

$$事業部資本利益率 = \frac{事業部利益}{事業部売上高} \times \frac{売上高}{事業部投下資本}$$

この分解によって，目標とする事業部資本利益率に対して実際の事業部資本利益率がこれを下回ったとき，売上高利益率に問題があるのか，資本回転率に問題があるのかを明らかにし，改善のための方向づけを行なうことができる。

ただし，事業部資本利益率を事業部長の業績評価指標とするとき，過少投資の問題を生じる場合がある。新規の投資案（プロジェクト）が収益性のある案件であるにもかかわらず，平均資本利益率の低下を嫌って，この投資案を棄却してしまう場合である。

たとえば，ある事業部の事業部資本利益率が20％で，資本コストが15％であるとしよう。いま，新規の投資案が提案され，事業部資本利益率は17％であり，投資が実施されると投下資本の10％を占める。この投資案は，資本コストの15％を上回っているので投資に値する。

しかし，平均事業部資本利益率を計算すると，19.7％（＝0.9×20％＋0.1×17％）となり，投資前よりも指標が低下するので，事業部長はこの投資案を棄却してしまう可能性がある。

また，上例のように事業部資本利益率が資本コストを考慮しないということは，同時にその投資案のリスクも考慮されないことになる。そこで，事業部資本利益率だけで事業部長の業績が評価されると，その指標を高めるために事業部長は過度のリスクをもつ投資案を選択するようになる可能性がある。この他にも事業部長が，全体としてはマイナスの投資案でも，自身の在職期間中のROIを高めるのであれば，その投資案を採択するという**期間問題**（horizon problem）があげられる。

② 残余利益（RI）

事業部資本利益率（ROI）のもつ短所を克服するために，**残余利益**（residual income）が事業部長の業績評価指標として利用される。残余利益は，つぎのように示される。

　　残余利益＝事業部利益－事業部投下資本×資本コスト

たとえば，ある事業部の利益が20億円で，その投下資本を100億円，資本コストを15％とすると，この事業部の残余利益は5億円（＝20億円－100億円×15％）となる。残余利益が正の場合，その投資案は採択され，負の場合は棄却されるので，この投資案は採択される。

残余利益の問題点を考えるために，図表6－3にあるXとYの2つの事業部を考えてみよう。

事業部資本利益率は，X事業部のほうが5ポイント高い。しかし，Y事業部は，X事業部の3.2倍の資本で，利益額も3倍弱あり，残余利益

図表 6 - 3　残余利益と事業部資本利益率

	X事業部	Y事業部
投下資本	100億円	320億円
事業部利益	30	80
資本コスト (15%)	15	48
残余利益	15	32
事業部資本利益率	30%	25%

は2倍強である。このように，残余利益は，額による尺度であるので，ある事業部の残余利益を，規模の異なる他の事業部や他社の残余利益と比較することができないという弱点がある。

規模の大きい事業部は，小規模の事業部よりも多額の残余利益を稼ぐケースが多くなる。この欠点を克服する手段として，各事業部ごとに残余利益の予算水準を設定し，これを実績と比較するという方法がある。たとえば，X事業部の残余利益の予算が12億円，Y事業部の予算が30億円であったとすると，Y事業部のほうが業績がよいと判定することができる。

なお，残余利益も，事業部資本利益率と同じく単年度の業績指標であるので，事業部長は長期的な視点よりも短期的な視点で，事業部利益を追求する行動をとりがちである。このような行動は，長期的な企業価値を破壊する。こうした残余利益の短所を克服するために，それを精緻化したのが，第5章で議論した**経済付加価値**（EVA）である。

《参考文献》

大塚宗春・辻正雄『管理会計の基礎』税務経理協会，1999年

佐藤紘光・飯泉清・齋藤正章『株主価値を高める EVA® 経営』中央経済社，2002年

佐藤紘光・齋藤正章『管理会計』放送大学教育振興会，2003年

《いっそう学習（や研究）をすすめるために》

石塚博司共著『意思決定の財務情報分析　第9版』国元書房，2003年
　名著の復刊，第7章では，企業全体の効率性と，各事業部門の整合性が同時に確保されるように各事業部の行動を調整し，コントロールする議論が展開されている。

《レビュー・アンド・トライ・クエスチョンズ》

① Webサイトを公開している特定の企業を選び，どのようなセグメント別情報を開示しているか調べなさい。

② 現在，トラッキング・ストックを利用している会社は何社あるか調べなさい。また，その数は今後増えるか，減るか，理由をつけて述べなさい。

③ 各種メディアから特定の企業の組織図を入手し，それぞれがコスト・センター，収益センター，プロフィット・センター，インベストメント・センターの4つの役割のうち，どれを担っているかについて類推しなさい。

④ 「組織形態は環境に適応するように形成される」といわれるが，③で調べた組織形態がその業種にあっていると思われる点，あわないと思われる点を，それぞれいくつか列挙しなさい。

第 7 章

ビジネス・ファイナンスの市場情報の収集と分析

―― 本章のねらい ――

　これまでは，市場情報といえば，新聞や投資雑誌，各種の経済関係の白書など，活字データに依存していた。また，電子媒体で提供されているデータであっても，特定の者でないと入手が困難であった。本章を学習すると，以下のことが理解できるようになる。

① コンピュータ・ネットワーク技術の発展によるデータの入手・分析の容易化

② 活字メディア，電子媒体，インターネットで入手可能な資本（証券）市場・金融市場・為替市場情報

③ 簡単なデータ分析

1 インターネットを利用した情報収集

コンピュータ・ネットワーク技術の発展を示すひとつの象徴が，インターネット上の World Wide Web (WWW)，いわゆる「**ホームページ**」（以下，Webサイト）である。この仕組みにより，政府・自治体，民間企業，各種団体，そして個人が情報発信を行なうことが可能になった。

現在では，多くの Web サイトにおいて，ビジネス・ファイナンスの市場情報を無料で入手することができる。ここでは，ビジネス・ファイナンスの市場情報を公開している国内の代表的 Web サイトを紹介する。**ダウンロード**できるファイルの形式と保存の方法などについては，補遺を参照されたい。

官公庁関係

日本銀行（http://www.boj.or.jp/）のWebサイト（図表7－1）は，経済データを提供する公的機関のWebサイトのなかでも，質・量ともに充実した規模となっている。同サイトの「**統計・データ**」（金融経済統計資料など）からは，日銀が公開する各種経済データを取得することができる。

ここに公開されているのは，公定歩合，マネーサプライ，国内銀行の主な預金・貸出の金利，残高，短期金融市場，債券市場，為替市場といった金融市場データだけではない。さらに，日銀が集計する企業物価指数，短観（企業短期経済観測調査）などの解説，公表予定，最新の数値および時系列データなどが公開されている。

提供されるデータの多くは，テキスト形式であり，表計算ソフトや統計ソフトで加工，利用しやすい配慮がなされている。また，同サイトの「**論文・レポート**」では，日銀が刊行する調査月報に掲載される論文，

図表 7 – 1 日本銀行の Web サイト (http://www.boj.or.jp/)

ワーキングペーパーなどを閲覧することができる。

総務省統計局(http://www.stat.go.jp/)では，国勢調査，事業所・企業統計調査，人口推計，労働力調査，家計調査，消費者物価指数などが，表計算の **Excel（エクセル）形式**(*.xls)で公開されている。これらの集計データ，結果データ，長期時系列データは，（財）統計情報研究開発センター(http://www.sinfonica.or.jp/)から有償または無償で公開されている。

経済産業省(http://www.meti.go.jp/)の「**統計**」のページでは，鉱工業生産・出荷・在庫，第3次産業活動の各指数，商業販売統計などが公開されている。さらに**内閣府経済社会総合研究所**(http://www.esri.

cao.go.jp/) では，景気動向指数（DI），国内総生産（GDP）の速報値，長期時系列が提供されている。

このほかに，各省庁のWebサイトで公開されている統計情報，各種レポートは，ほとんど無料で取得・閲覧することが可能である。

取引所関係

実際に取引が行なわれる取引所も，Web サイトを開設し，広報活動を行なうほか，取引データを公開している。**東京証券取引所**（http://www.tse.or.jp/）では，上場されている株式，株価指数，債券，デリバティブなどの解説，上場基準などの諸規則，ディスクロージャー資料，

図表7－2　東京証券取引所（http://www.tse.or.jp/）の事例

信用取引残高，投資家部門別売買動向などの情報公開のほか，有償で詳細な情報の提供を行なっている（図表7－2）。東証が開設しているベンチャー企業向け市場であるマザーズの情報も，ここから得ることができる。

また，**大阪証券取引所**（http://www.ose.or.jp/），JASDAQ（ジャスダック，店頭市場）（http://www.jasdaq.co.jp/）などの取引所においても，同様の情報が提供されている。**東京金融先物取引所**（http://www.tiffe.or.jp/jp/index.html）などの先物取引所では，金利先物や通貨先物などの時系列データが公開されている。

ポータルサイト・金融情報サイト提供データ

株価指数や株価，為替レートなど，主要なファイナンス情報は，新聞社や通信社のWebサイトで知ることができるが，多くのポータルサイトではより詳細なファイナンス情報のページが用意されている。

ポータルサイトとは，ブラウザでインターネットに接続した際，最初に表示されることを目的とした巨大なWebサイトのことである。（**ポータル**（portal）とは，入り口の意味である。検索エンジンやリンク集，ニュースや株価などの情報提供，メールサービス，掲示板，チャットなど，ユーザがインターネット上で必要とする機能を集約している。）

代表的なポータルサイトのファイナンス情報提供ページとして「Yahoo!ファイナンス」（http://quote.yahoo.co.jp）を取りあげよう（図表7－3）。ここでは，国内外のマーケット概況，投信，関連ニュース，金利情報のほか，国内で取引される株式，投資信託について，日次，週次，月次の**時系列データ**が取得できる。時系列データはhtml形式で提供されているが，表計算ソフトで表示することも可能である。

また，投資信託，債券格付けなどについては，これを専業とする企業のWebサイトが役立つ。この他，新規上場，増資，倒産・信用情報な

図表7-3 Yahoo! ファイナンス (http://quote.yahoo.co.jp)

どのビジネス・ファイナンス情報も，インターネット上のWebサイトから提供されている。

2　書籍・電子メディア

　書籍による資料，データのもっとも代表的なものに，白書，政府の指定統計調査などの政府刊行物があげられる。これらは官報を取り扱う書店，政府刊行物サービスセンターで購入可能である。また，出版社による経済・市場データ集としては，東洋経済新報社の発行する『**経済統計月報**』，『**経済統計年鑑**』が，財政・金融，物価・地価，産業活動，貿易

などの経済データを提供している。金融市場のデータとしては，同じ東洋経済新報社の『**株価総覧**』や東京証券取引所が発行する『**東証統計月報**』,『**証券統計年報**』などがある。

　近年はコンピュータの普及により，従来，書籍で提供されてきた市場データが，CD-ROM，磁気テープなどの電子メディアで提供されるケースが増えてきている。市販されている電子メディア収録のビジネス・ファイナンスデータとしては，マクロ経済データ，株式，債券，先物，オプション，企業財務データなどがある。

　電子メディア収録データのいくつかは，書店で入手できるものがある。しかし，多くは，直接販売となっている。インターネットが利用できるのであれば，ブラウザで『**金融　データ　CD-ROM**』などのキーワードを用いて検索すると，多くのWebサイトで，これらの情報が提供されていることがわかる。

　とくに株式のように，多くの銘柄の長期時系列を利用する本格的な分析を行なうには，Webサイト提供のデータでは，不都合な部分もあり，こうした需要に対しては，有償で提供される電子メディア収録のデータを用いるのが，有効であろう。

3　市場情報の分析

　この節では，ファイナンス情報を利用した分析の例として，代表的な表計算ソフトである**マイクロソフト**のExcel（エクセル）を用いたケースを紹介する。本節で扱うExcelの基本的操作については，補遺を参照されたい。

現在価値と将来価値

ここでは将来価値の計算例として，① 300万円を3年間預金する，② 1年目から3年目の期首に，それぞれ100万，150万，50万円預金する，という場合を考えよう。金利を年5％とし，1年複利で計算した場合，3年後の元利金はどうなっているだろうか。

図表7－4はこれを計算したものである。将来価値の考え方や計算方法については，第2章を参照されたい。

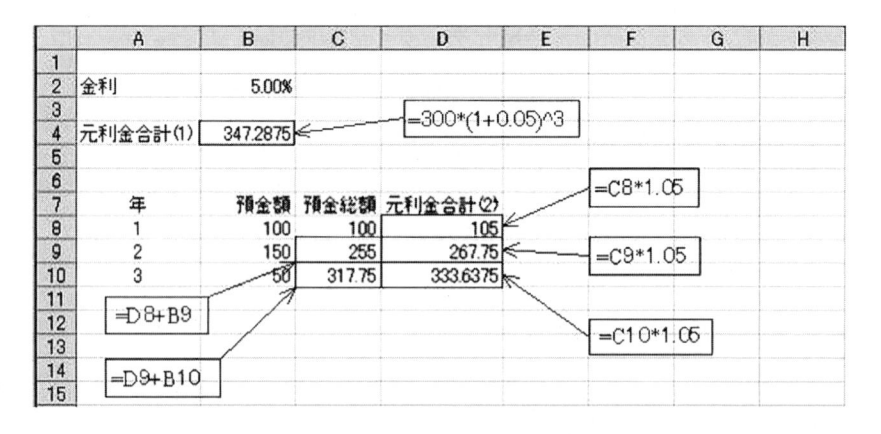

図表7－4　将来価値の計算

	A	B	C	D	E	F
1						
2	金利	5.00%				
3						
4	元利金合計(1)	347.2875		=300*(1+0.05)^3		
5						
6						
7	年	預金額	預金総額	元利金合計(2)		=C8*1.05
8	1	100	100	105		
9	2	150	255	267.75		=C9*1.05
10	3	50	317.75	333.6375		
11						
12	=D8+B9					=C10*1.05
13						
14	=D9+B10					
15						

セルB4には，300万円を全額1年目に預金した場合に得られる結果（およそ347万円）が計算されている。ここで，「＾」は，べき乗の記号である。このように期間中一定の金利が適用され，キャッシュフローの流出入がない場合の計算は簡単である。

しかし，②のように毎年異なるキャッシュフローの流入がある場合や，金利が変化するような場合は逐次計算を行なう必要がある。セルC9では，前年度の元利金合計105万円（セルD8）と，2年目に追加される150万円（セルB9）の合計が求められ，セルD9で2年目の元利金合計が求

められている。3年目もこれと同様の計算を行ない、セル D10 におよそ334万円という答えを得ている。

つぎに、現在価値の例を示そう。今後5年間に得られるキャッシュフローが、1年目から順に1,200、1,500、1,300、1,100、800（万円）、割引率が年8％であるとき、このキャッシュフローの現在価値はいくらになるだろうか。

図表7－5　現在価値の計算

	A	B	C	D	E	F	G	H
1								
2	割引率	8.00%		=1.08^3				
3								
4	年	キャッシュフロー						
5	1	1200	1.0800	1111.1111				
6	2	1500	1.1664	1286.0082				
7	3	1300	1.2597	1031.9819		=B7/C7		
8	4	1100	1.3605	808.53284				
9	5	800	1.4693	544.46656				
10						=SUM(D5:D9)		
11			現在価値(1)	4782.1007				
12			現在価値(2)	¥4,782		=NPV(B2,B5:B9)		
13								
14								
15								

図表7－5は、これを計算したものである。現在価値の考え方や計算方法についても第2章を参照されたい。

セル C5 から C9 では各年度のキャッシュフローを割り引く数値を求めている。セル D5 から D9 ではセル C5 から C9 で求めた数値を用いて各年度のキャッシュフローの現在価値を求めている。最後に、セル D11 において D5 から D9 の合計を求めて、現在価値4,782万円を得ている。

Excel では、複数年に渡るキャッシュフローの現在価値の合計を求める NPV 関数が用意されている。セル D12 では、これを用いて直接答えを求めた結果が示されている。ここで、**NPV 関数の引数**（ひきすう）は（割引率、キャッシュフローの配列）の順となる。また、Excel での NPV 関数

は初期投資額を控除していないので，本来のNPV (Net Present Value, 正味現在価値，第13章参照) を求める際には，これを別に控除する必要がある。

以上，この節では，金利や割引率を用いる計算において，直接数値を入力して求めているが，図のNPV関数の使用例のように，セル番地を用いて（これを「**セル参照**」という）計算した場合，参照しているセルの数値（図でいえばセルB2）を書き換えることで，ただちに再計算が行なわれる。簡単なシミュレーションとしても活用できるので，極力セル参照をする形で計算を行なうと有効であろう。

ポートフォリオのリターンとリスク

図表7－6のセルB3からC14の範囲には2001年1月から12月までのA社，B社の株価の月次収益率が入力されている。これを用いて，第8章で解説された証券，ポートフォリオの期待リターンとリスクを求めてみよう。必要な数値は2社のリターンとリスク，2社間の共分散

図表7－6　ポートフォリオのリターンとリスク

	A	B	C	D	E	F	G	H	I
1									
2	年月	A社	B社						
3	2001年1月	8.77%	1.66%						
4	2001年2月	2.77%	-10.04%						
5	2001年3月	6.62%	0.38%						
6	2001年4月	-5.52%	2.57%						
7	2001年5月	2.19%	14.37%						
8	2001年6月	4.52%	-1.70%						
9	2001年7月	-6.15%	-13.03%						
10	2001年8月	-12.38%	12.13%						
11	2001年9月	-15.24%	-15.89%						
12	2001年10月	-2.94%	7.64%			=AVERAGE(C3:C14)			
13	2001年11月	6.06%	10.64%			=STDEVP(C3:C14)			
14	2001年12月	5.40%	-0.93%						
15									
16	リターン	-0.49%	0.65%		=CORREL(B3:B14,C3:C14)				
17	リスク	7.52%	9.38%		=COVAR(B3:B14,C3:C14)				
18									
19	相関係数	0.25004							
20	共分散	0.00176							
21					=0.5*B16+0.5*C16				
22	ポートフォリオのリターンとリスク(等額投資)								
23	リターン	0.08%			=0.5^2*B17^2+0.5^2*C17^2+2*0.5*0.5*B20				
24	リスク(共分散)	0.45%							
25	リスク(相関係数)	0.45%			=0.5^2*B17^2+0.5^2*C17^2+2*0.5*0.5*B19*B17*C17				
26									

あるいは相関係数と組入れ比率となる。

セルB16からC17の範囲には，A社，B社のリターンとリスク（標準偏差）が求められている。リターンとリスクの計算では，それぞれAVERAGE関数，STDEVP関数を用いている。さらに，セルB19，B20には，A社とB社間の相関係数と共分散が求められている。この2つの統計量については，CORREL，COVARという関数が用意されている（この2つは2変数間の関係を示す統計量であるので，関数の引数も2つの配列を入力する必要がある）。

2資産からなるポートフォリオのリターンr_pは，2資産のリターンをr_1，r_2，資産1への**組入れ比率**をxとすると，

$$r_p = xr_1 + (1-x)r_2 \tag{7.1}$$

で示される。

セルB23には（7.1）式を用いて2つの証券に**等額投資**（組入れ比率は，ともに0.5）した場合のポートフォリオのリターンが求められている。また，2資産からなるポートフォリオのリスク（分散）は，2資産のリスクをそれぞれσ_1^2，σ_2^2，共分散をσ_{12}，相関係数をρ_{12}とすると，

$$\sigma_p^2 = x^2\sigma_1^2 + (1-x)^2\sigma_2^2 + 2x(1-x)\sigma_{12} \tag{7.2}$$
$$= x^2\sigma_1^2 + (1-x)^2\sigma_2^2 + 2x(1-x)\rho_{12}\sigma_1\sigma_2 \tag{7.3}$$

で示される。セルB24，セルB25では，それぞれ（7.2）式，（7.3）式を用いたポートフォリオのリスクが求められている。求められたリスク（標準偏差にすると約6.7%）は，**分散投資**の効果により，個々の証券のリスクより小さくなっていることが確認できる。

フロンティア曲線

同じく第8章で説明する有効フロンティアを含む曲線，さきの2証券のリターンとリスクの数値を再び用いて作成してみよう。図表7－

図表7－7　2証券によるフロンティア曲線

	A	B	C	D
2		A社	B社	
3	リターン	-0.49%	0.65%	
4	リスク	7.52%	9.38%	
6	共分散	0.00176		

投資比率を変化させた場合のポートフォリオのリターンとリスク

A社への組入れ比率	リターン	リスク
1	-0.49%	0.57%
0.9	-0.38%	0.50%
0.8	-0.26%	0.45%
0.7	-0.15%	0.43%
0.6	-0.03%	0.43%
0.5	0.08%	0.45%
0.4	0.19%	0.49%
0.3	0.31%	0.56%
0.2	0.42%	0.64%
0.1	0.54%	0.75%
0	0.65%	0.88%

=A11*B3+(1-A11)*C3

=A11^2*B4^2+(1-A11)^2*C4^2+2*A11*(1-A11)*B6

7のセルB11からC21の範囲には，A社への組入れ比率を1から0まで0.1刻みで変化させた場合の2証券ポートフォリオのリターンとリスク（分散）が求められている。

　計算では，個々の証券のリターンとリスクを絶対参照で参照し，組入れ比率の部分にもセル参照を用いることで，式の入力を簡略化している。3証券以上からなるポートフォリオのリターンとリスクを表計算ソフトで求める際には，行列の計算，操作に関する関数を用いるほうが便利であろう。

　図表の右に描かれた有効フロンティアを含む曲線は縦軸にリターン，横軸にリスクをとり図示したものである。

ベータの計算

　つぎに，第9章で説明する**資本資産評価モデル**（CAPM）を取りあげよう。CAPMにおけるリスクの大きさを表す尺度ベータは，個別資産iと市場ポートフォリオMの共分散と市場ポートフォリオの分散の比

であり，

$$\beta_i = \frac{\sigma_{iM}}{\sigma_M^2} \tag{7.4}$$

で示される。

図表 7 - 8 　ベータの計算

	A	B	C	D	E	F	G
1							
2	年月	TOPIX	A社				
3	2001年1月	1.29%	8.77%				
4	2001年2月	-4.52%	2.77%				
5	2001年3月	2.88%	6.62%				
6	2001年4月	6.98%	-5.52%				
7	2001年5月	-4.07%	2.19%				
8	2001年6月	-0.75%	4.52%				
9	2001年7月	-8.51%	-6.15%				
10	2001年8月	-7.28%	-12.38%				
11	2001年9月	-7.27%	-15.24%				
12	2001年10月	3.51%	-2.94%				
13	2001年11月	-0.86%	6.06%				
14	2001年12月	-1.72%	5.40%				
15							
16	A社のベータ		=COVAR(B3:B14,C3:C14)/VARP(B3:B14)				
17	CAPMでの定義	0.724					
18	SLOPE関数	0.724	=SLOPE(C3:C14,B3:B14)				
19							

　図表 7 - 8 のセル B17 は TOPIX（東証株価指数）を市場ポートフォリオとし，A社のリターンを用いて，A社のベータを（7.4）式にしたがって求めたものである。

　また，ベータは市場ポートフォリオと危険資産による回帰式の傾きとしても求めることができる。図表 7 - 8 のセル B18 には，A社のリターンを従属変数，TOPIX のリターンを独立変数とした単回帰式のパラメータを求める関数 SLOPE を用いてベータを求めた結果が示されている。なお，独立変数を複数用いる重回帰分析については，LINEST 関数が用意されている。詳細については Excel のヘルプファイルを参照されたい。また，「分析ツール」（メニューバーの「ツール」から選択）のなかにも回帰分析パッケージが用意されている。

《参考文献》

菊池正佳・渡辺美智子編著『インターネット時代の数量経済分析法』多賀出版，1999年
　計量経済分析を扱っているが，データの入手，Excel の基本操作，データ分析についてていねいに書かれている。

《いっそう学習（や研究）をすすめるために》

藤林宏・岡村孝・河内規称『Excel で学ぶファイナンス 2　証券投資分析』金融財政事情研究会，1995年

Benninga, S., *Financial Modeling* 2nd ed., The MIT Press, 2000.
　ともに表計算ソフトの Excel を用いたファイナンス理論にもとづくデータ分析を行なうテキストである。ともに Excel の操作とファイナンス理論がある程度わかる人向けであるため，別に理論を解説したテキストとともに用いると効果的であろう。Excel の機能については行列計算やソルバーなど高度な範囲までカバーしている。

《レビュー・アンド・トライ・クエスチョンズ》

① テキスト形式（*.txt, *.csv など），html 形式（*.htm, *.html）で収められたファイナンス情報をインターネット上の Web サイトからダウンロードし，表計算ソフトで表示しなさい。
② 今後 5 年間にあるプロジェクトから得られるキャッシュフローが 1 年目から順に900, 1,200, 1,300, 1,000, 800万円, 割引率が年 6 ％, 初年度の設備投資額が3,500万円であるとき，このプロジェクトの正味現在価値はいくらになるか。これを表計算ソフトにより求めなさい。
③ 第 8 章の練習問題(1)を表計算ソフトにより求めなさい。
④ 第 8 章の演習問題(2)を表計算ソフトにより求めなさい。
⑤ 第 8 章の演習問題(3)を表計算ソフトにより求めなさい。
⑥ 任意の 2 銘柄の 1 年間の月次収益率を求め，この 2 銘柄からなるポートフォリオについて，組入れ比率を 5 ％きざみに変化させた場合のリターンとリスクを表計算ソフトにより求めなさい。

補遺　ビジネス・ファイナンスの市場情報の収集と分析

A1.　ダウンロードできるデータの形式と保存・読み込み

インターネット上のWebサイトから入手できる市場データには，第7章で述べたように，さまざまなものがあるが，これを提供するファイル形式もまた多様である。提供される市場データは，主にブラウザで表示されるhtml形式（*.htmまたは*.html）のほか，表計算ソフトのファイル形式，テキスト形式で提供されている。

表計算ソフトのファイル形式には，マイクロソフトの**エクセル**（Excel）**形式**（*.xls），ロータス（IBM）の**Lotus 1-2-3 形式**（*.123）などがある。また，テキスト形式では**空白区切りの形式**（*.txtなど），**カンマ区切り形式**（*.csv）などにより提供されている。表計算ソフトで作成されたファイルは他社製品の形式であっても，互換機能により表示が可能となる場合が多い。html形式，テキスト形式のデータも表計算ソフトで表示可能である。

データをPCに保存する方法には，大きく2通りある。ひとつは，ブラウザでデータのあるページを表示させた後，ブラウザのメニューの「**ファイル**」から「**名前を付けて保存**」を選択して保存する方法である。もうひとつは，データのあるページへのリンクにマウスカーソルを合わせ，マウスの右ボタンクリックで表示させたメニューから「**対象をファイルに保存**」を選択して保存する方法である。

保存したデータを変換する方法も，大きく2通りある。例として，マイクロソフトのExcelで読み込む手順を示そう。他社の表計算ソフトの形式やhtmlファイル形式の場合，メニューの「ファイル」から「**開く**」を選択し，開くファイルの種類を変換元のファイル形式かすべ

てのファイル形式に変更し，読み込むファイルを選択し，実行する。互換性をもつファイル形式であれば，ソフトが自動的に変換作業を行なう。

一方，テキスト形式の場合は，開くファイルの種類をテキストファイルあるいはすべてのファイル形式に変更し，目的のファイルを選択するところまでは，同じである。ファイルを開く作業を実行すると，「**テキストファイルウィザード**」が起動する。データの形式，データの区切り文字など質問にしたがって，変換手続きを進めることで，最終的にファイルを変換する。

図表 A-1　Excel のテキストファイルウィザード

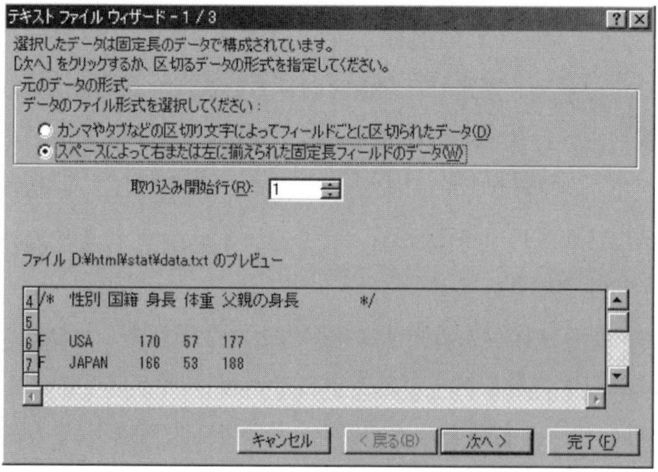

Web サイトによってはアナリストや研究者の論文・レポートなどが公開されている。これらは，html 形式のほか，マイクロソフトの**ワードプロセッサ**（ワープロ）ソフトである **Word 形式**（*.doc），ジャストシステムの**一太郎形式**（*.jtd）などで公開されている。また，ワープロソフトではないが，Web を通じた文書配信を目的としたアドビシステムズの **PDF 形式**（*.pdf）がある。

ワープロソフト文書は，他社製品のファイル形式であっても，互換機能により表示が可能となる場合が多い。html 形式の文書もワープロソフトで表示は可能である。データの変換方法も表計算ソフトの場合とほぼ同一である。

また，**PDF 形式**ではアドビシステムズが無償のビューワーソフトであるアクロバットリーダーを配布している。同社 Web サイトからダウンロード，あるいは雑誌付録などからインストールし，PDF 形式ファイルを閲覧することができる。

A2. 表計算ソフトの操作概略

ここでは，表計算ソフト Excel の基本操作について，第 7 章での計算過程の理解に必要な最小限の情報が示されている。より操作に習熟する必要のある読者は，他の書籍を参照されたい。

Excel を起動すると，図表 A-2 のように方眼紙状の**ワークシート**が表示される。この表のます目を**セル**という。セルは，列のアルファベットと行の数字によって位置が示される。図表中，太枠で囲まれたセル（これを**アクティブセル**とよぶ。アクティブセルにのみ，文字，データの入力・編集が可能となる）を「セル A2」などとよぶ。

計算式を入力するときにはかならず「＝」で始める。入力は半角の英数（直接入力）を用い，**四則計算**の記号（＋，－，＊，／）を用いるなど直感的な入力規則が通じるようになっている。たとえば，図表 A-2 において，セル A5 に A1 から A4 の合計を計算したい場合は，A5 のセルに

$$=A1+A2+A3+A4$$

と入力し，「Enter」キーを押すと結果が出力される。例のように，表計算ソフトでは数値それ自体ではなく，数値の入力されたセル番地を

図表 A-2　ワークシート

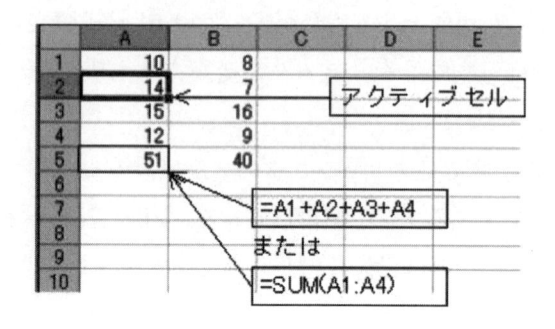

	A	B	C	D	E
1	10	8			
2	14	7		アクティブセル	
3	15	16			
4	12	9			
5	51	40			
6					
7			=A1+A2+A3+A4		
8			または		
9					
10			=SUM(A1:A4)		

用いた計算を基本としている。セル番地を用いて計算を行なうメリットは同じ計算を複製できるところにある。

　図表の例において，式の入力されたセル A5 をコピーして，隣のセル B5 に貼り付けを行なうと，自動的に

$$=B1+B2+B3+B4$$

が計算される。これはソフトウェア内部で，$=A1+A2+A3+A4$ ではなく，アクティブセルからみて，上にある 4 つの合計を求める，という形で計算が行なわれているからである。このようなセル参照の仕組みを**相対参照**という。

　一方，計算によっては，コピーしても参照しているセル番地を移動させず，固定しておきたい場合もあるだろう。このような計算には，**絶対参照**を用いる。絶対参照の定義はセル番地の前に「＄」記号を加え，「＄A＄2」などとすることで可能となる。

　また，頻繁に用いられる計算，特定の順序にしたがう計算に対して Excel では**関数**が用意されている。上記の例で，セル A5 の計算を関数で表記すると，$=SUM(A1:A4)$ となる。カッコのなかは**引数**（ひきすう）といい，ここでは A1 から A4 までの配列（**セル範囲**）の総和を計算するという意味をもつ。その他，本書でも用いている関数の代

表的なものを以下に示す。

AVERAGE（配列）→配列の平均値を求める。
MEDIAN（配列）→配列の中央値を求める。
COUNT（配列）→配列に含まれる数値の個数を求める。
SQRT（セル番地）→指定セル（ないし数値）の平方根を求める。
MAX（配列）→配列のなかの最大値を求める。
LARGE（配列，N）→配列のなかでN番目に大きい値を求める。
MIN（配列）→配列のなかの最小値を求める。
SMALL（配列，N）→配列のなかでN番目に小さい値を求める。
STDEVP（配列）→配列を母集団としたときの標準偏差を求める。
VARP（配列）→配列を母集団としたときの分散を求める。
CORREL（配列1，配列2）→2つの配列の相関係数を求める。
COVAR（配列1，配列2）→2つの配列の共分散を求める。
SLOPE（Yの配列，Xの配列）→Yを従属変数，Xを独立変数とした回帰直線の傾きを求める。
INTERCEPT（Yの配列，Xの配列）→回帰直線の切片を求める。
RSQ（Yの配列，Xの配列）→回帰直線のR^2（決定係数）を求める。
NPV（割引率，配列）→配列で与えられるキャッシュフローを割引率で現在価値にした値の合計を求める。
IRR（配列，推定値）→配列で与えられるキャッシュフローの内部収益率を求める。

A3. グラフ機能によるフロンティア曲線の描画

さきに示した有効フロンティアを含む曲線を例に，グラフの描き方について解説しよう。

① メニューの「**挿入**」から「**グラフ**」を選択するか，グラフウィザードのアイコンボタンをクリックする。

② ダイアログボックスから描くグラフの種類を選択する。ここでは，データを平滑線でつないだ散布図を選んでいる（図表 A-3）。

図表 A-3　　グラフ作成手順(1)

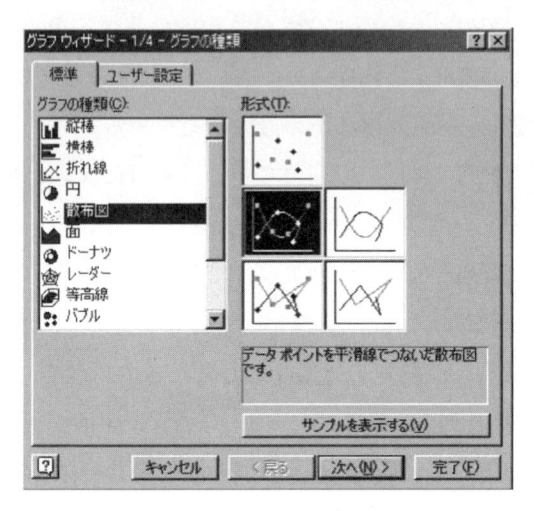

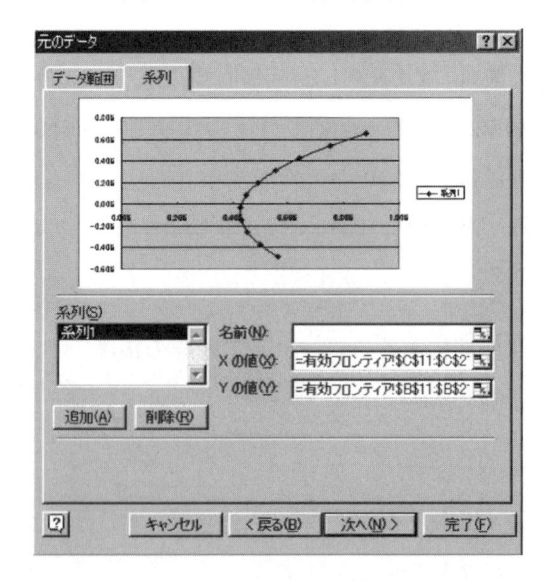

図表 A-4　グラフ作成手順(2)

図表 A-5 グラフ作成手順(3)

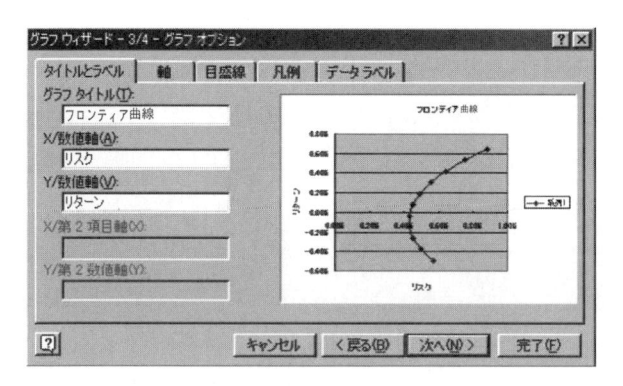

③ 「次へ」をクリックし、データの範囲を選択する。「**系列**」において、「**追加**」ボタンをクリックし、Xの値にポートフォリオのリスクを、Yの値にポートフォリオのリターンの数値が入力されている範囲を選択する（図表A-4参照）。なお、通常は「データ範囲」の入力画面でデータの指定を行なうが、X軸、Y軸を任意のデータ系列としたい場合は本書で示した手順となる。

④ 「次へ」をクリックし、グラフタイトル、軸の名称などを入力し、「完了」ボタンをクリックする（図表A-5参照）。

⑤ タイトルや軸の名称は完成後も入力可能である。必要であれば、グラフの大きさ、目盛りの最大・最小値などを修正して完成となる。

図表 A-6 フロンティア曲線

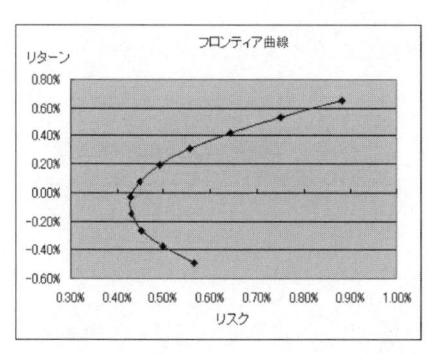

第8章

ポートフォリオ選択理論

本章のねらい

前章までは，企業内部の立場からファイナンスについて考えてきた。この章では資金を提供する投資家の立場に立ってファイナンスを考える。本章を学習すると，以下のことが理解できるようになる。

① 投資家にとって投資対象となる候補は複数ある。

② 株式のように，将来の価格が不確実である危険資産に投資を行なう場合には，ひとつの資産にすべての資金を投資するのはリスクが高い。

③ 資金を複数の資産に分散することによってリスクをコントロールできる。

1 リターンとリスク

複数の投資対象を○○会社株という形でなく記号を用いてやや抽象的に表現することから始めよう。いま，市場には N 銘柄の株式が存在するものとする。たとえば，東京証券取引所の第一部には，千数百銘柄の株式が上場している。これらの株式を区別するために，$i = 1, 2, \cdots, N$ と順番をつける。

さて，投資家は利益を得るために株式投資を行なうが，利益はどのようなかたちで得られるであろうか。ここでは，1期間のモデルで考えることにする。つまり，投資家は現時点である期首 $t = 0$ に株式を購入し，期末 $t = 1$ に株式を売却すると考える。投資家が得る利益としてまず配当があげられる。

第 i 番目の株式の1株当たりの配当金額を d_i とおく。配当は，利益の多寡によって変動すると予想されるため，将来の配当金額は不確実である。配当額が不確実であること，つまり確率変数であることを表すために，d_i の記号の上に "~" をつけることにする。不確実な配当は $\tilde{d}_i$ と表される。この配当による利益を**インカム・ゲイン**とよぶこともある。

また，株価は日々変動していることに注意しよう。新技術の開発や，新商品の好評が発表されれば，株価は上昇するであろう。一方，業績不振やトラブルの情報が発表されれば，株価は下落する。したがって，投資家が期首に購入した株式の期末時点での株価は不確実である。期首（購入時点）の株価は確定しているのに対して，期末の株価は不確実である。ここで第 i 番目の株価を P_i で表すことにする。期首は $t = 0$ であるので，期首の株価を P_i^0 とする。一方で，期末の株価は不確実であるから，"~" を付して $\tilde{P}_i^1$ と記す。株価の変動による損益は，**キャピタル・ゲイン**あるいは**キャピタル・ロス**とよばれ，$\tilde{P}_i^1 - P_i^0$ で表される。

> キャピタル・ゲインは株価が値上がりした場合にのみに得られるのであろうか。実は，株価が値下がりした場合でも利益を得ることができる。通常，期首に株式を購入し期末に売却するが，この順序を入れ替えることによって，株価が値下がりした場合に利益を得ることができる。期首に他人から株式を借りて売却した場合を考える。もし，株価が下落すれば，期末に売却代金の一部で当該株式を購入し，これを返却することによって，利益を得ることができる。このような取引のことを**空売り**（Short Sale）とよぶ。もちろん，空売りをしていれば，株価が上昇した場合に損失を破ることになる。

このように，収益についての不確実性をもつ資産のことを**危険資産**（Risky Asset）とよぶ。一方で，国債を満期まで保有する場合のように，収益の不確実性がない資産のことを**安全資産**（Riskfree Asset）とよぶ。

第i番目の株式を1株購入した場合の損益$\tilde{R}_i$は，次式で与えられる。

$$\tilde{R}_i = \tilde{d}_i + \tilde{P}_i^1 - P_i^0 \tag{8.1}$$

式の右辺に不確実性をもつ項（配当金額の不確実性と期末の株価の不確実性）があるので，損益$\tilde{R}_i$も不確実性をもつことに注意しよう。期首の投資金額がP_i^0であることを考えれば，**収益率**$\tilde{r}_i$は，以下の式で計算できる。

$$\tilde{r}_i = \frac{\tilde{d}_i + \tilde{P}_i^1 - P_i^0}{P_i^0} \tag{8.2}$$

さて，N種類の株式の収益率$\tilde{r}_i$は，個別企業の事情に応じて異なるであろう。高い収益が予想できる企業，そうでない企業，あるいは，株価の変動が大きな株式，株価が比較的安定している企業もあることだろう。このような個別の株式の収益率の特徴はどのように表されるだろうか。

そこではじめに，個別銘柄に対する"期待"あるいは"見通し"を示すために，**期待収益率**を考えることにする。たとえば，確率0.5で，20

％の収益が得られ，確率0.5で−5％の収益（つまり，5％の損失）が発生するとの見通しが得られたとしよう。この場合の期待収益率 $E[\tilde{r}_i]$ は

$$E[\tilde{r}_i] = 0.5 \times 0.2 + 0.5 \times (-0.05) = 0.075$$

のように，ある収益率が起こる確率×収益率を加えた形で計算される。$E[\tilde{r}_i]$ は $\tilde{r}_i$ の期待値を計算した結果という記号である。

なお，この章とつぎの章では，$E[\tilde{r}_i]$ の代わりに（"~"を付けない）r_i で期待値を表すこともある。期待値は，平均値ともよばれる。たとえば，5人の学生が受けた英語の試験の結果が，

70, 50, 60, 55, 90

であれば，平均点は65点と計算される。これは，英語の得点の期待値である。

いずれにせよ，個々の銘柄があげる収益率の期待値をもって，投資の結果の見通しを表すことにする。期待収益率は，**リターン**ともよばれる。

平均点はすべての得点を加えて，受験者数で割ることによって計算される。

$$平均点 = \frac{70+50+60+55+90}{5}$$

これを一般化して，i 番目の受験生の得点が S_i で，全部で n 人が受験した場合を考えよう。平均点 $E[S]$ は，つぎのように表すことができる。

$$E[S] = \frac{S_1+S_2+\cdots+S_n}{n}$$

$$= \frac{\sum_{i=1}^{n} S_i}{n}$$

2行目では，Σ という記号を用いて，簡略化した表記が行なわれている。その意味は，"S の添字 i を $i=1$ から n まで，ひとつずつ増加させ（$S_1, S_2, \cdots, S_n$ ができあがる），それをすべて加えた（Sum）もの"を n で除すというものである。

" "の中身がΣの意味である。Σはギリシャ文字（大文字）で，ローマ字の"S"に相当し，シグマと読む。"S"は和（Sum）の頭文字としてもちいられている。他に，小文字のシグマσも用いるので区別すること。また，$E[\ ]$は，Sについて得られている結果（この場合n個）をすべて加え，加えた数で除すという操作を示していると考えることもできる。

さて，試験には，いわゆる"差がつく試験"と，"差がつかない試験"がある。同じ平均点65点の試験でも，100点を取りやすい試験とそうでないものがあるだろう。平均点が試験の難易度を示す値であるとすれば，差がつきやすいかどうか，を客観的に示す方法はないだろうか。たとえば国語の試験結果が，以下のようであったとしよう。

67, 65, 64, 66, 63

同じく平均点は65点である。そこで，英語，国語の得点から平均点を引いてみる。

〈英語〉

$70-65=5$, $50-65=-15$, $60-65=-5$, $55-65=-10$, $90-65=25$

〈国語〉

$67-65=2$, $65-65=0$, $64-65=-1$, $66-65=1$, $63-65=-2$

英語の得点から平均点を引いたものは，±5〜25点の範囲でばらついている。それに対して，国語は，±1〜2点の範囲でのばらつきである。この場合，おそらく，英語で100点をとることより，国語で100点をとることの方がむずかしいであろう。

なぜなら，「ばらつきが小さい」試験のほうが100点をとりにくいと予想されるからである。このばらつきを数値化するために，**分散**あるいは，**標準偏差**という統計量が用いられる。分散σ^2（シグマ2乗）は，つぎのように計算される。

$$\sigma^2 = \frac{(70-65)^2+(50-65)^2+(60-65)^2+(55-65)^2+(90-65)^2}{5}$$

標準偏差 σ は分散の正の平方根である。σ はギリシャ文字の "S"（小文字）で，シグマと読む。大文字のシグマ Σ と区別しよう。

ここで，2乗した理由は，そのまま加えると＋と－が相殺してしまうからである。もちろん絶対値でも良いが，数学的な取り扱いは2乗の方が便利である。

一般に，n 人が受験した試験の結果の分散は，次式のように表すことができる。

$$\sigma^2 = \frac{(S_1-E[S])^2+(S_2-E[S])^2+\cdots\cdots+(S_n-E[S])^2}{n}$$

$$= \frac{\sum_{i=1}^{n}(S_i-E[S])^2}{n}$$

2番目の式は，和の記号 Σ を応用したものである。また，得られている結果をすべて加え，加えた数で除すという操作を示す $E[\ ]$ を用いれば，つぎのようにも表すことができる。

$$\sigma^2 = E[(S-E[S])^2] \tag{8.3}$$

操作 $E[\ ]$ は，$[\ ]$ の中身の期待値を計算するという意味であるから，分散は $(S-E[S])^2$ の期待値と考えることもできる。

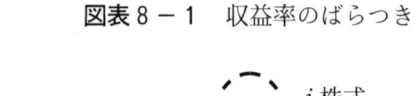

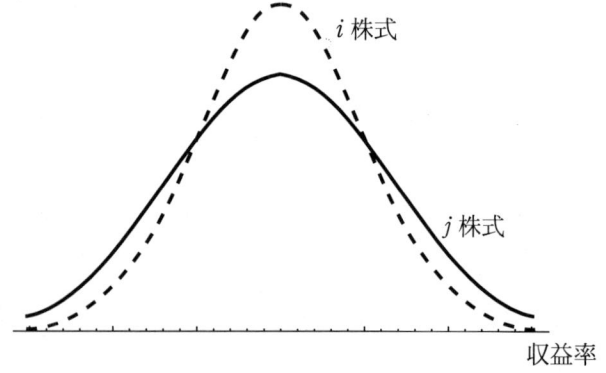

図表8－1　収益率のばらつき

このように計算される分散は，収益率の変動の大きさを示す量で個別株式の収益率の2番目の特徴を表わす量であると考えられる。同じ期待収益率をもつ株式i, jの収益率のごく簡単な例を考えよう。

$E[\tilde{r}_i] = 0.5 \times 0.2 + 0.5 \times (-0.05) = 0.075$

$E[\tilde{r}_j] = 0.5 \times 0.255 + 0.5 \times (-0.105) = 0.075$

確率を用いた場合，分散は次式のように計算される。

$\sigma_i^2 = 0.5 \times (0.2 - 0.075)^2 + 0.5 \times (-0.05 - 0.075)^2 = 0.015625$

$\sigma_j^2 = 0.5 \times (0.255 - 0.075)^2 + 0.5 \times (-0.105 - 0.075)^2 = 0.0324$

株式iは比較的分散が小さいのに対して，株式jの分散が大きいことが確認できる。このように株式の収益率の特徴の違いは分散や標準偏差を用いることによって表現できる。

以上のことをグラフを用いて確認しよう。横軸に実際に起こりうるさまざまな収益率をとって，縦軸にその収益率の起こりやすさをプロットしたグラフを描いてみる（図表8－1）。破線は山が高く，ばらつきが少ない。つまり，i株式の収益率や，国語の試験に相当する。一方で，実線は山が低くばらつきが大きい。これは，j株式の収益率や英語の試験の結果に相当するであろう。いいかえれば，分散σ^2が大きいということは，不確実性が高いということを意味する。株式iの分散σ_i^2と株式jの分散σ_j^2は$\sigma_j^2 > \sigma_i^2$という関係にある。期待収益率が株式のリターンを表すのに対して，ばらつき，あるいは分散や標準偏差は，不確実性の度合い，つまり**リスク**を表している。

複数の投資対象の特徴を，リターンとリスク（期待収益率と分散）を用いて表すことにしよう。投資家は，高いリターンを好むが，不確実性・リスクを避けようとするであろう。投資家の視点から株価を眺めるときの基準がリターンとリスクであるともいえる。

2 分散投資

さて,すでに述べたように,投資家には N 個の投資先がある。すべての資金をひとつの株式に投資する必要はない。簡単のために,株式は1円単位で購入できるものとして,複数株式への投資が投資家にどのようなメリットをもたらすかを検討する。

投資家が計画する投資総額が I であった場合,その $100 \times x$ %を第 i 番目の株式に投資する場面を考える。第 i 株式への投資金額は $x_i I$ 円になる。この $x = \{x_1, x_2, \cdots, x_N\}$ のことを**ポートフォリオ**とよぶ。定義から,x_i の和は1になる。また,空売りが行なわれた場合,x_i は負になる。

2証券 ($N=2$) からなるポートフォリオを考えよう。リターンとリスクが $r_1 = 0.01$, $\sigma_1^2 = 0.04$ である証券1と,$r_2 = 0.05$, $\sigma_2^2 = 0.09$ である証券2を x_1, $x_2 = 1-x_1$ で組み合わせた場合に,ポートフォリオの期待収益率 r_p と,分散 σ_p^2 がどのように計算されるかを確認する。

まずは,ポートフォリオの収益率 $\tilde{r}_p$ がどのように計算されるかを考えてみる。株式1と,株式2を1株ずつ購入すれば,収益率は以下のように計算できる。

$$\tilde{r}_p = \frac{(\tilde{P}_1^1 - P_1^0 + \tilde{d}_1) + (\tilde{P}_2^1 - P_2^0 + \tilde{d}_2)}{P_1^0 + P_2^0} \tag{8.4}$$

ここで,x_1, x_2 は次式のように計算されることに注意しよう。

$$x_1 = \frac{P_1^0}{P_1^0 + P_2^0}$$

$$x_2 = 1 - x_1 = \frac{P_2^0}{P_1^0 + P_2^0}$$

この関係を用いると (8.4) 式は次式のように表される。

$$\tilde{r}_p = x_1\tilde{r}_1 + x_2\tilde{r}_2 \tag{8.5}$$

この関係は任意の x_1, x_2 について成り立つので，上の式を用いて，ポートフォリオの収益率の期待値と分散を計算しよう。まず（8.5）式の期待値を計算する。

$$\begin{aligned} r_p = E[\tilde{r}_p] &= E[x_1\tilde{r}_1 + x_2\tilde{r}_2] \\ &= x_1 E[\tilde{r}_1] + x_2 E[\tilde{r}_2] \tag{8.6} \\ &= x_1 r_1 + x_2 r_2 \tag{8.7} \end{aligned}$$

期待値の計算は，すべてのデータを加えて，データの数で除す作業である。なお，計算途中では確率変数の定数倍の期待値が，期待値の定数倍になるという性質を用いた。先ほど試験の例をとれば，70，50，60，55，90 の期待値は，$\dfrac{70+50+60+55+90}{5}$ と計算される。試験の得点に重み，0.5が掛けられた場合の期待値は，

$$\dfrac{0.5\times 70 + 0.5\times 50 + 0.5\times 60 + 0.5\times 55 + 0.5\times 90}{5}$$

$$= 0.5 \times \left(\dfrac{70+50+60+55+90}{5} \right)$$

と書ける。このことから，確率変数の定数倍の期待値が，期待値の定数倍になることが確かめられる。横軸

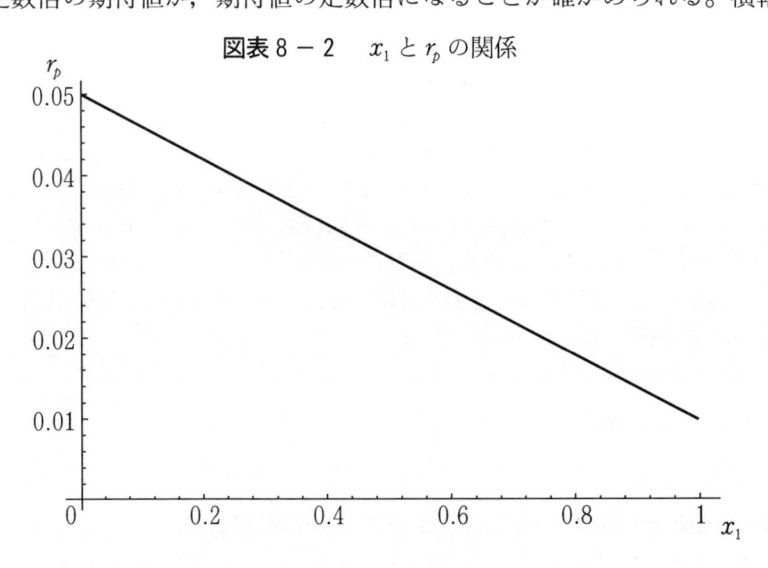

図表8－2　x_1 と r_p の関係

に x_1，縦軸に r_p をとってグラフを描いてみたものが図表 8 − 2 である。

図から，x_1 を変化させることによって，任意の期待収益率をもつポートフォリオを作りだせることがわかる。一般に，N 証券を考える場合には，r_p は次式のように表される。

$$r_p = x_1 r_1 + x_2 r_2 + \cdots\cdots + x_N r_N$$
$$= \sum_{i=1}^{N} x_i r_i \tag{8.8}$$

つぎに，ポートフォリオの期待収益率の分散 σ_p^2 を考えてみよう。ここでも，簡単化のため，まずは 2 証券からはじめることにする。分散あるいは標準偏差は期待収益率とは異なって，それぞれの分散を x_1 で重み付けして加えたものにはならない。証券の間の相関関係が影響する次式のような形式になる。

$$\sigma_p^2 = x_1^2 \sigma_1^2 + x_2^2 \sigma_2^2 + 2 x_1 x_2 \sigma_{12} \tag{8.9}$$

第 7 章では，表計算ソフトを使ってこのことを確認しているので，参照されたい。

> (8.9) 式の結果は以下の計算から得られる。
> $\sigma_p^2 = E[((x_1 \tilde{r}_1 + x_2 \tilde{r}_2) - E[x_1 \tilde{r}_1 + x_2 \tilde{r}_2])^2]$
> $\quad = E[((x_1 \tilde{r}_1 + x_2 \tilde{r}_2) - (x_1 r_1 + x_2 r_2))^2]$
> $\quad = E[((x_1 \tilde{r}_1 - x_1 r_1) + (x_2 \tilde{r}_2 - x_2 r_2))^2]$
> $\quad = E[(x_1 \tilde{r}_1 - x_1 r_1)^2 + (x_2 \tilde{r}_2 - x_2 r_2)^2 + 2(x_1 \tilde{r}_1 - x_1 r_1)(x_2 \tilde{r}_2 - x_2 r_2)]$
> $\quad = E[((x_1 \tilde{r}_1 - x_1 r_1)^2] + E[(x_2 \tilde{r}_2 - x_2 r_2)^2] + 2 E[(x_1 \tilde{r}_1 - x_1 r_1)(x_2 \tilde{r}_2 - x_2 r_2)]$
> $\quad = x_1^2 E[(\tilde{r}_1 - r_1)^2] + x_2^2 E[(\tilde{r}_2 - r_2)^2] + 2 x_1 x_2 E[(\tilde{r}_1 - r_1)(\tilde{r}_2 - r_2)]$
> $\quad = x_1^2 \sigma_1^2 + x_2^2 \sigma_2^2 + 2 x_1 x_2 E[(\tilde{r}_1 - r_1)(\tilde{r}_2 - r_2)]$
> と表される。ここでは，確率変数の定数倍の期待値が期待値の定数倍であることが繰り返し用いられている。

(8.9) 式の第 3 項 σ_{12} は**共分散**とよばれる統計量で，$E[(\tilde{r}_1 - r_1)(\tilde{r}_2 - r_2)]$ によって定義される。共分散は，2 つの変数の変動の関係を記述する量で，つぎのように解釈できる。

$E[\ ]$ の中身が正であるとき,(正)(正)か,(負)(負)の関係が成立する傾向が強い。つまり,株式1が期待値より高い収益率をもつ場合,株式2も同様であり,株式1が期待値より低い収益率をもつ場合,株式2も同様である傾向が強いことになる。したがって,2つの証券は似た動きをする。

逆に,$E[\ ]$ の中身が負であるとき,(正)(負)か,(負)(正)の関係が成立する傾向がある。つまり,株式1が期待値より高い収益率をもつ場合,株式2は期待値より低い収益率をもち,株式1が期待値より低い収益率をもつ場合,株式2は期待値より高い収益率をもつ傾向が強いことになる。したがって,2つの証券は逆の動きをする。

たとえば,為替が円高の場合には輸入型企業が好業績となり,輸出型の業績は低迷しがちである。

逆に,円安の場合には輸出型企業が好業績で,輸入型企業の業績が不振になる傾向がある。この業績の動向は株価に反映されるであろう。したがって,輸出型同士あるいは,輸入型同士の株式の共分散は正になる傾向が強いであろうし,輸出型と輸入型の共分散は負になる傾向をもつであろう。このように,ポートフォリオのリスクには,2つの株式の収益率の変動の関係が反映される。

ここで,共分散の大きさがポートフォリオのリスクに,どのような影響を与えるのかをよりくわしく調べてみる。そのために,共分散をそれぞれの標準偏差で除した,**相関係数** ρ_{12} を用いる。

$$\rho_{12} = \frac{\sigma_{12}}{\sigma_1 \sigma_2} \tag{8.10}$$

相関係数は,$-1 \leq \rho \leq 1$ の範囲の値をとる。先ほどの(8.9)式は以下のように書き直せる。

$$\sigma_p^2 = x_1^2 \sigma_1^2 + x_2^2 \sigma_2^2 + 2x_1 x_2 \sigma_{12} \tag{8.11}$$

$$= x_1^2 \sigma_1^2 + x_2^2 \sigma_2^2 + 2x_1 x_2 \rho_{12} \sigma_1 \sigma_2 \tag{8.12}$$

図表 8 − 3　相関係数とポートフォリオの分散

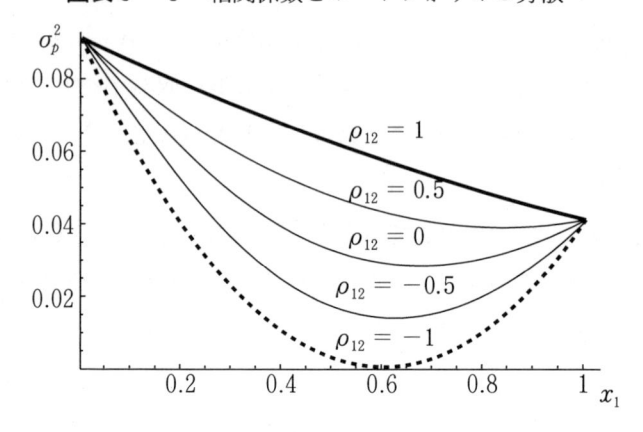

横軸に x_1，縦軸に σ_p^2 をとり，いくつかの相関係数に関してグラフを描いてみよう（図表 8 − 3）。太い実線は $\rho_{12} = 1$ である。この場合，ポートフォリオの収益率の分散は 2 つの証券の分散を結んだ曲線になる。

ところが，相関係数が小さくなるにしたがって，曲線は下側，つまり，分散が小さくなる方向にたわみはじめ，ついに，相関係数 $\rho_{12} = -1$ で分散が 0 になる点が発生する。このことから，複数の証券を組み合わせた場合，相関係数いかんによって，2 つの証券の小さい方の分散より小さいリスクをもつポートフォリオを作りだすことができる。

さらに，一般に N 証券の場合を考えてみると，以下のような結果が得られる。

$$\begin{aligned}
\sigma_p^2 = {} & x_1^2\sigma_1^2 + x_2^2\sigma_2^2 + \cdots\cdots + x_N^2\sigma_N^2 \qquad (8.13)\\
& + 2x_1x_2\sigma_{12} + 2x_1x_3\sigma_{13} + \cdots\cdots + 2x_1x_N\sigma_{1N}\\
& \qquad\qquad\;\; + 2x_2x_3\sigma_{23} + \cdots\cdots + 2x_2x_N\sigma_{2N}\\
& \qquad\qquad\qquad\qquad\;\; \cdots\cdots \\
& \qquad\qquad\qquad\qquad\qquad\qquad\quad + 2x_{N-1}x_N\sigma_{N-1N}\\
= {} & \sum_{i=1}^{N}\sum_{j=1}^{N} x_i x_j \sigma_{ij}
\end{aligned}$$

最後の式の関係が成立することレビュー・アンド・トライ・クエスチョンズで確認してほしい。このとき，共分散の定義によって，$\sigma_{ii} = \sigma_i^2$，$\sigma_{ij} = \sigma_{ji}$ が成立することに注意しよう。

また，(8.13)式をみると，$x_i^2 \sigma_i^2$ の形式の部分と，$x_i x_j \sigma_{ij}$ の共分散の部分が存在する。N 証券の場合，前者の分散の項は N 個ですべて正である。一方後者の共分散の項は N よりずっと多い（レビュー・アンド・トライ・クエスチョンズ参照）。しかも，負の値を取りうるので，分散を減少させる可能性をもつ項が非常に多く存在する。

市場で株式は個別に評価されるのではなく，市場の他の株式との相関関係も考慮したうえで評価される。したがって，企業の意思決定は，自社の株価が他とどのような関係にあるのかを考慮しつつ行なわれなければならない。

以上のことから，複数の証券に投資し，ポートフォリオを作ることによって，同じリターンで，より低いリスクを達成できる可能性があることがわかった。この効果のことを**分散投資**の効果とよぶ。

では，投資家は，具体的にどのように投資を行なうべきであろうか。次節でくわしくみてゆくことにする。

投資の分散によるリスクの軽減は私たちの生活の知恵のなかにもいくつか見受けられる。たとえば，あい鍵を作っておく，あるいはパソコンで作った文書のバックアップを作成するのもリスクの分散の一種であろう。また，「*Don't put all your eggs in one basket.*（タマゴを同じかごに入れるな）」ということわざがある。すべてのタマゴをひとつのかごに入れて運んだ場合，もしつまずいて転んだら，すべてのタマゴが割れてしまう。2回に分けて運べば，2回転ぶ可能性は無視できるほど小さくなり，運悪く転んでしまった場合でも半分は割れずにすむ。危険資産への投資も同じで，多くの株式に投資しておけば，損失が利益と相殺され，全体としての利益を安定させる効果をもつのである。

3 有効フロンティア

前節までで,x_1とポートフォリオのリターン,x_1とポートフォリオのリスクの関係を明らかにし,グラフを描いて,その効果を確認してきた。以下では,ポートフォリオのリターンとリスクの関係を考える。簡単化のために,まず,2証券の場合からはじめることにする。なお,しばらくのあいだ空売りは考えない。したがって,$x_1, x_2 \geq 0$である。x_1, x_2とリターン・リスクの関係は,以下のようであった。

$$r_p = x_1 r_1 + x_2 r_2 \tag{8.14}$$
$$= x_1 r_1 + (1-x_1) r_2$$
$$\sigma_p^2 = x_1^2 \sigma_1^2 + x_2^2 \sigma_2^2 + 2x_1 x_2 \sigma_{12} \tag{8.15}$$
$$= x_1^2 \sigma_1^2 + (1-x_1)^2 \sigma_2^2 + 2x_1(1-x_1)\sigma_{12}$$

この式からx_1を消去することによって,あるいは作図によって図表8-4のようにポートフォリオの期待収益率と分散の関係が得られる。縦軸が期待収益率,横軸は分散である。図の端点A,Bが,それぞれ証券1,2の平均と分散に一致する。

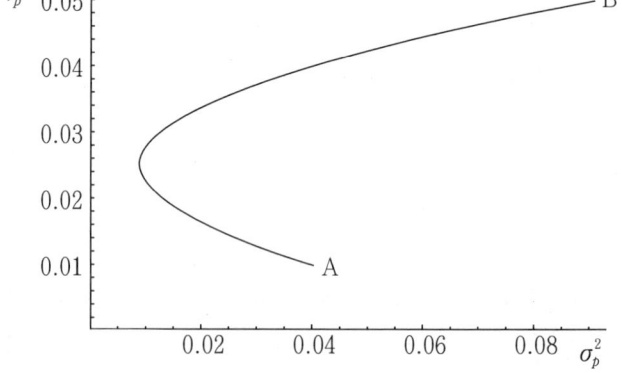

図表8-4　ポートフォリオの期待収益率と分散の関係

図表8－5 3証券の場合のポートフォリオの期待収益率と分散の関係

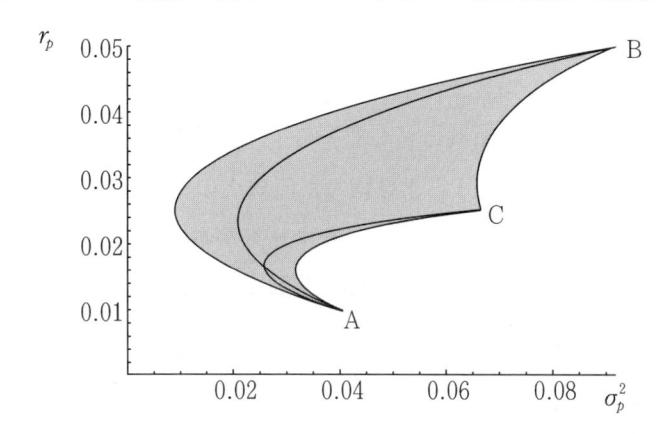

3番目の証券Cが存在する場合には，どのようなことが起こるであろうか。ABの組み合わせだけでなく，BC，CAの組み合わせも考えられる。そればかりか，曲線AB上に，適当に選んだ点Xも，ひとつの証券として考えることができる。したがって，XCの組み合わせも考えられるし，Xは任意だから，より多様な組み合わせができる。結果的に，図表8－5のように，影を付けた部分すべてのリスクとリターンが選択できることになる。

図表8－6 N証券の場合のポートフォリオの期待収益率と分散の関係

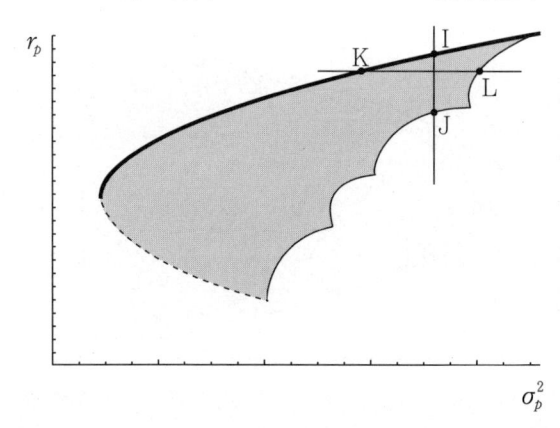

一般に N 証券の場合には，図表 8 − 6 が得られる。この影の部分を**実行可能領域**とよぶこともある。また，空売りを認めると，作成可能な期待収益率と分散は図表 8 − 7 のように，さらに広がると考えられる。

　投資家は，実行可能領域のどの部分のポートフォリオを選択するであろうか。図表 8 − 6 の点 I と J を結んだ直線上のポートフォリオは，同じリスクをもっている。このとき，リターンがもっとも高いポートフォリオ I が選択されるであろう。また，点 K と L を結んだ直線上のポートフォリオは同じリターンをもっている。そうであれば，リスクがもっとも小さいポートフォリオ K が選択されるであろう。

　このようにして，図表 8 − 6 の太線部分のポートフォリオのみが投資家に選択されることになる。この曲線のことを，**有効フロンティア**とよぶ。それでは，投資家は有効フロンティア上のどのポートフォリオを選択するのかを次節で説明したい。

4　ポートフォリオ選択理論

　投資家が有効フロンティアから，どのポートフォリオを選択するかを

図表 8 − 7　空売りを認めた場合のポートフォリオの期待収益率と分散の関係

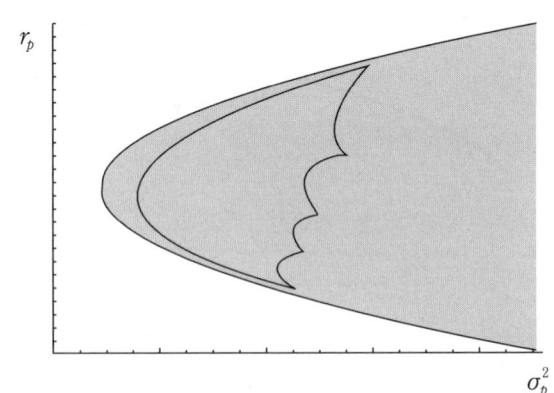

考える前に，実際の投資の問題を想定して，N証券からなる有効フロンティアをどのように描くかを考えてみる。

前節では，N証券の有効フロンティアの形状がどのようなものであるかをイメージ的に解説した。しかし，実際には，数千もの証券が対象になるため，前節の図表8－6の有効フロンティアを人手で作図することは不可能である。しかし，次式の**2次計画問題**とよばれる問題を解くことによって，有効フロンティアを描くことができる。

$$\text{Min.} \quad \sum_{i=1}^{N}\sum_{j=1}^{N} x_i x_j \sigma_{ij} \tag{8.16}$$

$$\text{Subject to} \quad \sum_{i=1}^{N} x_i r_i = \mu$$

$$\sum_{i=1}^{N} x_i = 1$$

$$x_i \geq 0 \quad i = 1, 2, \cdots, N$$

この問題は，ポートフォリオがリターンμをもち，x_iが正でx_iの和が1あるという制約条件のもとで，ポートフォリオの分散を最小化するというものである。ここで，μは**ターゲット・リターン**とよばれるパラメータで，図表8－6の有効フロンティア上のポートフォリオのリターンである。また，この他にも，特定業種に投資が偏らないようにする制

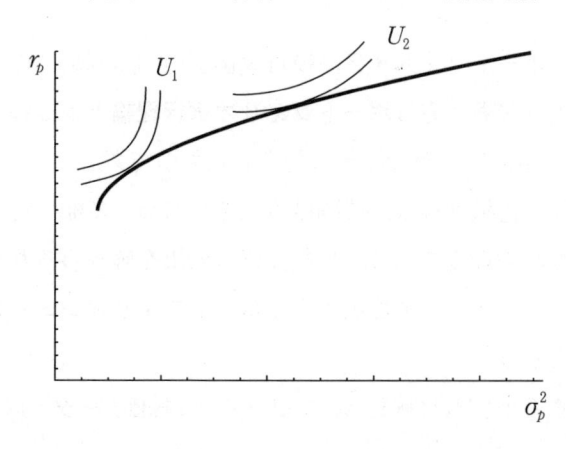

図表8－8　有効フロンティアと効用関数

約条件などが加えられることが多い。

　この問題を1回解くと，ポートフォリオの分散と，xが求められる。有効フロンティア全体を描くためには，μを少しずつ変化させて (8.16) 式を繰り返し解く必要がある。

　投資家が投資するのは，ただひとつのポートフォリオであり，それは，有効フロンティアから選ばれる。それでは，具体的にどのようなポートフォリオが選択されるのであろうか。投資家はリターンを好み，リスクを敬遠するので，図表の左上のポートフォリオがより選好されることになる。

　投資家は，自分の効用がもっとも高くなるよう行動するので，自分の効用関数が有効フロンティアと接するひとつのポートフォリオを選択し，投資することになる。投資家にもさまざまなタイプが存在する。安全志向で，あまりリスクをとろうと考えない投資家もいれば，ハイリスク・ハイリターンをねらう者もいるであろう。

　前者の効用関数は図表8−8のU_1のような形状をしているであろうし，ハイリスク・ハイリターンを好む投資家のそれは，U_2のような形状であろう。それぞれの効用が高くなるよう，図表の左上のポートフォリオを選好した結果，効用関数と有効フロンティアとの接点のポートフォリオが選択されることが理解できるだろう。

　このように，ポートフォリオは，投資家個別の効用関数に従って決定される。このような考え方は**ポートフォリオ選択理論**とよばれ，**マーコビッツ**（Markowitz, H.）が1952年に発表したものである。

　ポートフォリオ選択理論は，機関投資家をはじめ，多額の資金を運用する投資家のための理論である。分散投資の効果を確かめるために，**大手証券会社**のホームページで提供される**ポートフォリオシミュレーション**が役立つであろう。

　株価を提供するホームページは，ブラウザで「**株価データ**」などをキー

ワードに検索すれば多数ヒットする。これらのホームページからデータをダウンロードして表計算ソフトで管理することは分散投資についての理解を助けることになるだろう。具体的な web サイトについては，第7章を参照されたい。また表計算ソフトを用いて，ポートフォリオのリスクとリターンの関係を導出することも理解を促進するだろう。

《参 考 文 献》

葛山康典『企業財務のための金融工学』朝倉書店，2003年
大塚宗春『現代ファイナンス入門』放送大学教育振興会，2000年
デービット・G・ルーエンバーガー著，今野　浩・枇々木規雄・鈴木賢一訳『金融工学入門』日本経済新聞社，2002年
今野　浩『理財工学ⅠⅡ』日科技連出版社，1995，1998年
竹原　均『ポートフォリオの最適化』朝倉書店，1997年
津野義道『ポートフォリオ選択論入門』共立出版，1991年

《いっそう学習（や研究）をすすめるために》

葛山康典『企業財務のための金融工学』朝倉書店，2003年
　効用関数をもちいたより厳密なポートフォリオ選択理論とその応用について本書を参照されたい。

今野　浩『理財工学ⅠⅡ』日科技連，1995・1998年
枇々木規雄『金融工学と最適化』朝倉書店，2001年
竹原　均『ポートフォリオの最適化』朝倉書店，1997年
　ポートフォリオを導出するための工夫については，本書を参照されたい。

《レビュー・アンド・トライ・クエスチョンズ》

① 日経平均株価の収益率を計算せよ。なお，配当は考慮しなくてよい。
② 今週一週間の株価データから，任意の2証券の収益率の平均・分散・共分散・相関係数を求めよ。

③ $N = 3$ の場合について (8.13) 式の関係が成立することを確認せよ。
④ (8.13) 式の共分散の項は全部でいくつあるか。
⑤ 作図法によって，リターン・リスクのグラフ（図表8.4）を作成せよ。

第 9 章

CAPM（資本資産評価モデル）

―― 本章のねらい ――

　前章では，危険資産への投資を前提として投資家の意思決定の基準をしめた。このような考えをさらに進め，安全資産を導入すると危険資産の理論価格が得られる。本章を学習すると以下のことが理解できるようになる。

① リスクは，危険資産が流通する市場全体の動向との比較によって認識される。

② 危険資産の価格は，資本資産評価モデルによって表される。

③ 危険資産の収益率は，安全資産の収益率にリスクに応じたプレミアムを加えた形で表現される。

1 安全資産と危険資産の有効フロンティア

　安全資産とは，期首に期末のキャッシュ・フローがわかっている証券である。具体的には**国債**が安全資産にあたる。さて，安全資産の収益率を r_f とおき，**安全利子率**（riskfree rate）とよぶ。前章では，危険資産のみを投資対象としていたが，ここでは，選択肢のひとつとして，安全資産を加える。

　前章でみたように，投資家は各自の選好に応じて，有効フロンティアからひとつのポートフォリオを選択する。一方，安全資産は図表9－1上の点Fに位置する。安全資産が存在する場合，投資家はどのように投資を行なうのであろうか。

　安全利子率は，不確実性をもたないので，分散＝0で，他の資産との共分散も0であるから，安全資産に z，ポートフォリオPに $(1-z)$ だけ投資をした場合，リターンとリスクは，図表9－1の直線のように表される。横軸は標準偏差 σ_p である。投資家は図表9－1の点FとPを通る直線上のポートフォリオに投資することができる。

図表9－1　危険資産の有効フロンティアと安全資産

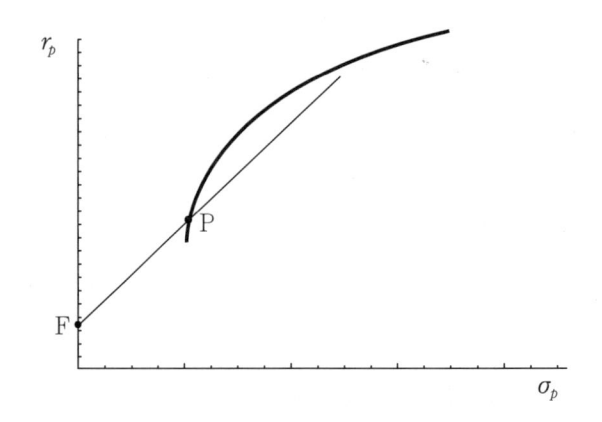

図表9−2　新しい有効フロンティア

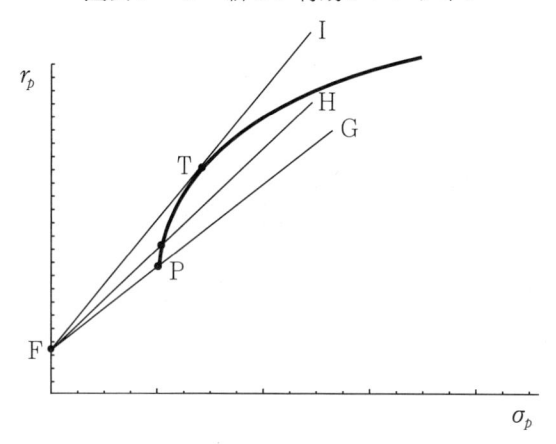

しかし，点Pを変化させることで，より効用の高いポートフォリオを作成することができる。図表9−2の直線FGよりFHがより高い効用を，そして危険資産の有効フロンティアと接するFIがもっとも高い効用をもたらすことになる。このとき直線は危険資産のみからつくられた有効フロンティアに接することに注意しよう。ここで接点に対応するポートフォリオをTとおく，安全資産を導入することによって，より高い効用が達成される。以上から安全資産への投資を含む新しい有効フロンティアは直線FIとなった。

投資家は，有効フロンティアFIのなかのポートフォリオから，もっとも高い効用をもたらすポートフォリオを選択することになる。ここで，ポートフォリオは，安全資産と，危険資産のポートフォリオTのみから構成されていることに注意が必要である。点FとTの間のポートフォリオは，資金の一部を安全資産に投資しているので，**貸付ポートフォリオ**とよばれる。一方，Tより右上方に位置するポートフォリオは，安全収益率で資金を借入れ（安全資産の空売りに相当する），この資金に自分の資金を加えて，Tに投資するポートフォリオである。これは，**借入ポートフォリオ**とよばれる。

このとき，ポートフォリオTは投資家の効用とは無関係に，安全利子率と，危険資産の有効フロンティアのみに依存して決定されるのである。

2 2資産分離定理

もし，市場に参加しているすべての投資家が，同一のTを選択したならば，どのようなことが起こるであろうか。もはや個別の株式が個々に保有されることはなく，株式は，危険資産のポートフォリオの一部として保有されるのである。

いいかえれば，すべての投資家は，危険資産のポートフォリオと安全資産のみに投資を行なうことによって効用を最大化するポートフォリオを得ることができるのである。すべての投資家が同じ危険資産のポートフォリオTに投資するとき，このポートフォリオをとくに**市場ポートフォリオ**とよびMと表わす。安全資産が存在する場合，すべての投資家の効用を最大化するポートフォリオは，危険資産のポートフォリオMと，安全資産のみからなる。個人ごとに異なるのは，安全資産と危険資産のポートフォリオに対するzだけである。このことを，**2資産分離定理**とよぶ。

また，直線FIは，**資本市場線**（Capital Market Line）とよばれている。

上に述べたように需給が均衡している状態では，危険資産は，市場ポートフォリオの一部として保有されることになる。したがって，市場ポートフォリオはつぎのような組成x_iをもつ。

$$x_i = \frac{i \text{株式の株価} \times \text{発行済み株式数}}{\text{市場時価総額}} \tag{9.1}$$

3 資本資産評価モデル（CAPM）

さて，この市場ポートフォリオとMに含まれている証券iとの関係について少しくわしく調べてみる。市場ポートフォリオの期待収益率，分散をそれぞれr_M, σ_M^2とし，証券iとの共分散をσ_{iM}とおく。市場ポートフォリオMと証券iに（$1-\alpha, \alpha$）で投資したポートフォリオを考える。αを変化させると，図表9－3のiMのような期待収益率と標準偏差をもつポートフォリオが作成される。曲線iM上のポートフォリオを新たにPとおく。また，曲線iMは，Mで直線FIに接している。

ここでは図表9－3の直線FIの傾きが，Mにおける曲線iMの傾きに等しいことを利用して，個別資産の収益率と市場ポートフォリオの関係について検討する。

まず，図表9－3の直線FIの傾きは（9.2）式のように求められる。

$$\frac{r_M - r_f}{\sigma_M} \tag{9.2}$$

つぎに，曲線iMの点Mにおける傾きを計算するため，直接微分係

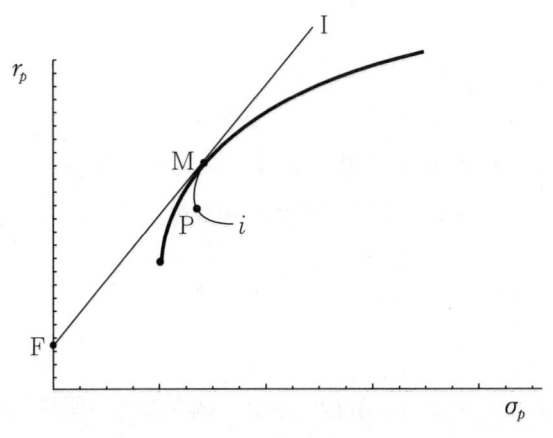

図表9－3　資本資産評価モデルの導出

数 $\dfrac{\partial r_p}{\partial \sigma_p}$ を考えるのではなく，まず，つぎの偏導関数を考える。

$$\frac{\partial r_p}{\partial \sigma_p} = \frac{\dfrac{\partial r_p}{\partial \alpha}}{\dfrac{\partial \sigma_p}{\partial \alpha}} \tag{9.3}$$

分子と分母に分けると，分子は，ポートフォリオの期待収益率の計算式を使って，次式のように求められる。

$$\text{分子} = \frac{\partial}{\partial \alpha}(\alpha r_i + (1-\alpha)r_p)$$

$$= r_i - r_p$$

さらに，多少複雑な計算の結果，分母は以下のように求められる（p.145参照）。

$$\left.\frac{\partial \sigma_p}{\partial \alpha}\right|_{\alpha=0} = \frac{\sigma_{iM} - \sigma_M^2}{\sigma_M} \tag{9.4}$$

分子と分母をもとの式に代入したものがつぎの式である。

$$\left.\frac{\partial r_p}{\partial \sigma_p}\right|_{\alpha=0} = \frac{r_i - r_M}{\dfrac{\sigma_{iM} - \sigma_M^2}{\sigma_M}} \tag{9.5}$$

(9.2) 式と (9.5) 式を等しくおいて，r_i について解くと，(9.6) 式が得られる。

$$r_i = r_f + (r_M - r_f)\frac{\sigma_{iM}}{\sigma_M^2} \tag{9.6}$$

この関係式を**資本資産評価モデル**（CAPM: Capital Asset Pricing Model）とよぶ。とくに右辺の第2項を次式のようにおき，**ベータ**とよぶことがある。

$$\beta_i = \frac{\sigma_{iM}}{\sigma_M^2} \tag{9.7}$$

(9.6) 式は，つぎのように解釈できる。個別資産の期待収益率は安全

利子率（r_f）と，リスクプレミアム（$\beta_i(r_M-r_f)$）によって決定される。さらに，リスクプレミアムは，取ったリスクの大きさであるベータに**超過リターン**（r_M-r_f）を掛けた量になる。ベータは市場ポートフォリオのリスクの大きさを1として，リスクの大きさを個別資産と市場ポートフォリオとの共分散で測ったものである。超過リターン（r_M-r_f）はリスク1単位当たりの補償量である。

このことは，iとして市場ポートフォリオMを選択し，(9.6)式のiをMで置き換えれば，リスクの大きさ$\beta_M=1$に超過リターン（r_M-r_f）が乗ぜられ，結果的に右辺がr_Mになることによって，より明確になるであろう。あるいは，$\beta_i=0$である株式はリスクプレミアムがつかないため，その収益率が安全利子率となることによっても確認できる。ベータが大きい株式は，市場の変動に比べて大きな値動きをするハイリスク・ハイリターンの株式であり，ベータが小さい株式は，市場の変動との共分散が小さい株式といえる。

CAPMの式は，危険資産の収益率が安全利子率＋リスクプレミアムの形で求められることを意味している。なぜ，リスクプレミアムを加える必要があるのだろうか。通常，投資家はリスクを避けようと考えている。リスクを避けるためには費用を支払うこともいとわない。このことは，多くの人が保険料を支払って，さまざまな保険に加入し，保険会社の経営が成り立っていることからも確かめられる。

逆にいえば，なんらかの形で報酬が与えられなければ，だれもリスクを受け入れようとはしないだろう。保険会社は報酬を得ることによって，一定の範囲でリスクを肩代わりしているのである。

危険資産の投資にも全く同じ論理が成立する。収益の不確実性を受け入れた見返りとして，CAPMのリスクプレミアムに相当する報酬が支払われなければならないのである。つまり経営者は，投資家の提供した資金に，リスクに対する報酬を加えた形で報いる必要があるのである。

このような関係式は，1960年代半ばに，シャープ（Sharpe, W.），リントナー（Lintner, J.），モッシン（Mossin, J.）が独立に導き出したものである。また，横軸をβ_i，縦軸をr_iとして描いた直線を**証券市場線**（SML: Security Market Line）とよぶ。

このように個別株式は，CAPM から得られた収益率を市場から要求されることがわかった。いいかえれば，株式の資本コストは CAPM によるr_iである。このことを確認するために，以下で株価の理論値を計算してみる。

4 株価の理論値

ここでは，配当 d がないものと仮定して，期末の株価の理論値を計算する。収益率の定義は，

$$E[r_i] = \frac{E[\tilde{P}_i^1] - P_i^0}{P_i^0} \tag{9.8}$$

であるから，左辺に（9.6）式を代入してP_0^iについて解くと，以下の式が得られる。

$$P_i^0 = \frac{E[\tilde{P}_1]}{1 + r_f + \beta_i(r_M - r_f)} \tag{9.9}$$

株価の理論値は，将来の株価の期待値を $1 + r_f + \beta_i(r_M - r_f)$ で割り引いたものとして決定される。この割引率は，資本コストを表し，**リスク調整済み割引率**ともよばれる。株価は，将来の期待値を資本コストで割り引いたものとして決定されるのである。

上場株式のベータは，東京証券取引所が CD-ROM の形式で販売している。第8章で述べた方法で株価を手に入れ，収益率などを計算した後，第7章のように表計算ソフトを使って計算することも可能である。しかしながら，配当落ちなどの細かい修正が必要とされるので，正確なベー

タを求めるためには，調整係数を含んだデータを購入する必要がある。

> (9.3) 式の分母は次の様にして導入される。
>
> $$\text{分母} = \frac{\partial}{\partial \alpha}(\alpha^2\sigma_i^2 + (1-\alpha)^2\sigma_p^2 + 2\alpha(1-\alpha)\sigma_{ip})^{\frac{1}{2}}$$
> $$= \frac{1}{2}(\alpha^2\sigma_i^2 + (1-\alpha)^2\sigma_p^2 + 2\alpha(1-\alpha)\sigma_{ip})^{-\frac{1}{2}}(2\alpha\sigma_i^2 - 2(1-\alpha)\sigma_p^2 + 2(1-2\alpha)\sigma_{ip})$$
>
> 必要な微分係数は，点 M におけるもの，$\left.\frac{\partial \sigma}{\partial \alpha}\right|_{\alpha=0}$ なので，上式で $\alpha=0$ とおく。従って点 P は点 M に移動したことになるので，式の中 P を M で置き換えると次式が得られる。
>
> $$\left.\frac{\partial \sigma}{\partial \alpha}\right|_{\alpha=0} = \frac{\sigma_{iM} - \sigma_M^2}{\sigma_M}$$

《参考文献》

葛山康典『企業財務のための金融工学』朝倉書店，2003年

大塚宗春『現代ファイナンス入門』放送大学教育振興会，2000年

佐藤紘光，飯泉　清，齋藤正章『株主価値を高める EVA 経営』中央経済社，2002年

デービット・G・ルーエンバーガー著，今野　浩・枇々木規雄・鈴木賢一訳『金融工学入門』日本経済新聞社，2002年

古川浩一，蜂谷豊彦，中里宗敬，今井潤一『基礎からのコーポレート・ファイナンス』中央経済社，1999年

仁科一彦『現代ファイナンス理論入門』中央経済社，1997年

沢木勝茂『ファイナンスの数理』朝倉書店，1994年

石塚博司共著『意思決定の財務情報分析　第9版』，国元書房，2003年

若杉敬明『企業財務』東京大学出版会，1988年

《いっそう学習（や研究）をすすめるために》

佐藤紘光他『株主価値を高める EVA 経営』中央経済社，2002年
　　CAPM から得られたベータの応用として参照されたい。

《レビュー・アンド・トライ・クエスチョンズ》

① 図表9-1において，安全資産と危険資産のポートフォリオが直線になることを示せ。

② 危険資産のみのポートフォリオで，i 証券へ x_i だけ投資した。安全資産が存在する場合，安全資産に z だけを投資した場合，i 証券への投資は資金全体の何％になるか。

③ 市場ポートフォリオの代わりにTOPIXを用い，各自選んだ株式のベータを計算せよ。

④ 市場ポートフォリオの代わりにTOPIXを用い，各自選んだ株式の収益率をCAPMから計算せよ。

⑤ 市場ポートフォリオの代わりにTOPIXを用い，各自選んだ株式の理論価格を計算せよ。なお，期末株価の期待値は各自予想したものを用いること。

第 10 章

デリバティブ

本章のねらい

　デリバティブに対しては，複雑でむずかしく，リスクの高いものというイメージを抱きやすいが，それはデリバティブのもつひとつの面でしかない。本章を学習すると，以下のことが理解できるようになる。

① デリバティブ取引とリスクヘッジ

② フォワード／先物

③ オプション

④ スワップ

1 デリバティブの意味

デリバティブとは何か

　デリバティブ（derivatives）とは，**原資産**（underlying asset）とよばれる商品，証券の価格水準や変動により，その資産価値が定まる金融商品の総称である。原資産から派生していることから，**派生証券**ともよばれている。

　原資産には，株式，債券，金利，通貨などの金融資産のほか，穀物や金属，天然資源といった商品などがあり，多くの経済活動がその対象とされている。これに対して，デリバティブの種類には，契約や取引の諸特性により，**フォワード**（先渡し，forward），**先物**（futures），**オプション**（option），**スワップ**（swap）があり，さらにこれらを組み合わせた契約もデリバティブに含まれる。

　デリバティブは，金融の自由化と国際化，経済・企業活動の国際化とともに高まったリスクの適切な管理，より効率的な資源配分，経済活動を達成する目的で求められるようになった。また，新たなデリバティブを開発する金融理論，複雑で大規模な計算を実現するコンピュータ技術の発達も，この領域の発展要因のひとつである。

　デリバティブは，価格や取引コストが小さいために，**レバレッジ**（leverage）効果をもつという特徴がある。レバレッジとは，「てこ」の意味であり，原資産の価格に比べて少額の資金で原資産の直接売買と同規模の取引が可能であることを意味する。

　原資産と反対のポジションをデリバティブでもつことにより，原資産価格の下落による損失をデリバティブによる利益で埋め合わせることができる。これは，**ヘッジ**（hedge）とよばれるリスク管理のためのデリ

バティブの利用である。

また，デリバティブは，レバレッジ効果から投機的に用いることも可能である。少ない投資で利益を得ることが可能である一方，巨額な損失を生むリスクが表面化することもある。

2　フォワード・先物

フォワード・先物の定義・性質

フォワード・先物取引とは，あらかじめ定められた期日に定められた価格で，原資産を購入あるいは売却する契約である。定められた期日を最終取引日（あるいは受渡日），定められた価格を**フォワード価格**（forward price），**先物価格**（future price）という。

また，先物取引において，最終取引日が含まれる月を限月（げんげつ）といい，対象となる原資産ごとに異なっている。フォワードと先物は，ともに原資産に対する将来の売買契約を現時点において結ぶというものであるが，以下の点で両取引は異なっている。

第1に，フォワードは相対（あいたい）取引であるのに対し，先物は取引所取引である点である。先物では取引所により，対象となる原資産，限月，取引単位など価格以外の諸条件が定められている。これに対して，フォワードでは諸条件は取引当事者間で任意に決定される。

第2に，フォワードでは，受渡日に契約が履行されないリスクが存在し，取引ごとにリスクを評価する必要があるのに対し，先物は取引所で集中して行なわれ，特定の取引相手を必要としない。契約履行は，取引所が保証していることにより，不履行のリスクが発生しにくくなっている。また，先物では受渡日前に約定したものと反対の取引を行なうことで，契約の相殺が可能である（反対売買という）。

第3に，キャッシュ・フローが発生するタイミングに違いがある。フォワードでは，受渡日にのみキャッシュ・フローが生じ，契約された額がそのまま受け渡される。

先物では取引開始時に担保として**委託証拠金**を預託する必要がある。各契約は，日々の取引で決められる**清算価格**（settlement price）により**値洗い**（mark to market）され，評価損益が証拠金に反映される。証拠金が一定の水準を下回ると追加証拠金を差し入れる必要が生じる（**追い証**（margin call）という）。このように，先物では日々キャッシュ・フローが生じる。

取引例

フォワード・先物取引の仕組みを為替リスクのヘッジ目的を例にとって説明しよう。これは為替予約とよばれる取引である。日本のA社が，米国のB社に販売した商品の代金10万ドルを3ヵ月後に受け取るものとする。

A社は円高による円ベースでの受け取り額の減少をヘッジするため，3ヵ月後に1ドル＝130円で10万ドルを売却する先物契約を結んだ。これにより，A社は，受け取り額を1,300万円に確定し，為替リスクをヘッジすることができた。

ヘッジしなかった場合，3ヵ月後の為替レートが1ドル＝125円であれば，A社の受け取り額は1,250万円と減少する。逆に，1ドル＝135円であれば1,350万円となり，受け取り額は増加する。このように，フォワードや先物を用いたヘッジは，利益を得る機会を放棄する代わりに，将来の損失リスクを抑えるという働きをもっている。

先渡し・先物の評価

ある原資産に対するフォワード取引を考えよう。原資産の現在の価格

を S_0，時点 T を受渡日とするフォワード価格を F とする。一方，現時点で S_0 円を時点 T までの安全利子率 r で借り入れ，原資産を購入，時点 T で売却する取引を考える。売却時の原資産価格を S_T とする。取引に関わるコストは無視するものとする。

時点 T を迎え，フォワード取引では原資産を F 円で購入し，これを市場で売却する。したがって，フォワード取引におけるキャッシュ・フローは，$-F+S_T$ となる。一方，借入れを行ない，原資産を購入した取引では，S_T で売却し，返済を行なう。この取引におけるキャッシュ・フローは $S_T-(1+r)S_0$ となる。

この2つの取引では，現時点での支出はともにゼロである。もしも T 時点において，この2つの取引のキャッシュ・フローに差が生じていたとすれば，片方を購入，もう片方を売却というポートフォリオをもつことによって，確実に利益を得ることができる。

しかし，効率的な市場においては，こうした機会は存在できないので，T 時点におけるキャッシュ・フローは等しくなくてはならない。したがって，これらを整理してフォワード価格は，

$$F = (1+r)S_0 \tag{10.1}$$

となる。

先物価格は，値洗いによりキャッシュ・フローが生じるため，フォワードに比べて，簡単ではない。ただし，期間中の安全利子率が既知である場合，同条件のフォワードと先物の価格は等しいことが知られている。

最後に，ここでのフォワード・先物価格は，金融資産を原資産と想定して求めている。商品先物のように，原資産の生産，貯蔵などが価格に影響をもたらす場合や，空売りが困難な場合などでは，価格形成はさらに複雑なものとなる。

裁定の概念

先渡し・先物の評価式を示した部分の考え方は，**裁定**（arbitrage）の機会が存在しないというものを利用している。**裁定取引**とは，異なる市場で同じ資産に異なる価格が付けられていることを利用して，リスクなしに利益を獲得するという取引である。同じ資産に価格差がある場合，安い市場で購入し，高い市場で売却すれば，新たな資金を必要とせずに利益を獲得することができる。

このような**裁定機会**は，市場参加者が多い現代の市場では，長く続くことはなく，瞬時に消滅すると考えられる。先物と原資産のように異なる時点における同じ資産についても，裁定機会は解消され，一定の関係が保たれると考えられる。前に述べた先渡し・先物の評価，後に述べるオプションの評価は，こうした考え方にもとづいて求められている。

3 オプション

オプションの定義

オプションとは，あらかじめ定められた期日までに定められた価格で原資産を購入あるいは売却できる権利の取引である。この定められた期日を**満期日**または**権利行使日**（expiration date），定められた価格を**行使価格**（strike price）とよぶ。

オプションは売買を行なう「契約」ではなく，「権利」の取引であるので，オプションの購入者は，権利を行使して原資産を売買するか，その権利を放棄するという選択が可能である。一方，オプションの売却者は，契約時に売却代金として，**プレミアム**（premium）を受け取るが，権利行使された場合，これに応じる義務が生じる。

購入する権利を**コール・オプション**（call option），売却する権利を**プット・オプション**（put option）とよぶ。また，満期日にのみ権利行使できるオプションを**ヨーロピアン・オプション**（European option），満期日までの期間中，いつでも行使可能なオプションを**アメリカン・オプション**（American option）とよぶ。

オプションは，株価指数，国債，通貨，先物などを原資産としたものが取引所に上場されているほか，金融機関のアレンジによる相対取引ベースのものも多い。これらのなかで，行使価格が期間中の原資産価格に応じて決まる，原資産価格の水準により契約自体が消滅・発生するなど，上場オプションと大きく性質が異なるものがあり，これらは，総称して**エキゾチック・オプション**（exotic option）とよばれている。また，**キャップ**（cap），**フロアー**（floor）とよばれる金利オプションの取引も多い。

コール・オプションの例

ある原資産を行使価格500円で購入することのできるヨーロピアン・コール・オプションをプレミアム50円で購入するケースを考える。満期日において，原資産価格が700円であった場合，このオプションの購入者は，権利を行使して原資産を500円で購入し，市場で売却することにより，支払済みのプレミアムを差し引いて150円の利益を得る。

一方，満期日において原資産価格が300円であった場合，権利行使して原資産を入手する価値はなく，権利を放棄することが合理的である。この時，損失は，最初に支払ったプレミアムの50円となる。

このケースをもう少し考えてみよう。原資産価格が520円である場合は，どのようにすべきなのであろうか。この場合，権利行使をすることが合理的である。行使した場合，支払ったプレミアムを含めると，30円の損失が生じるが，権利放棄すると，損失はプレミアムの50円であり，損失額が大きくなる。つまり，満期日において原資産価格が行使価格を

超えている場合には，権利行使をするべきである。

　一方，原資産価格が行使価格以下である場合には，権利を放棄すべきである。図表10－1の実線は，この関係を示したものである。これらをまとめると，S_Tを原資産価格，Kを行使価格としたとき，満期日におけるコール・オプションの価値（**本質的価値**（intrinsic value））は，max$(S_T-K, 0)$と書くことができる。

　これはオプションの価値はS_T-Kとゼロのどちらか大きいほうという意味である。コール・オプション購入の場合，$S_T>K$，すなわち，オプションに価値がある状態を**イン・ザ・マネー**（in the money），$S_T=K$の状態を**アット・ザ・マネー**（at the money），$S_T<K$，すなわち，行使する価値のない状態を**アウト・オブ・ザ・マネー**（out of the money）という。

　逆に，コール・オプションの売却では，図の点線のように購入とは正反対の損益を示す。購入では損失がプレミアムに限定され，それ以下にはならない一方で，売却では原資産価格が上昇するほど，多くの損失を生む可能性を有している。

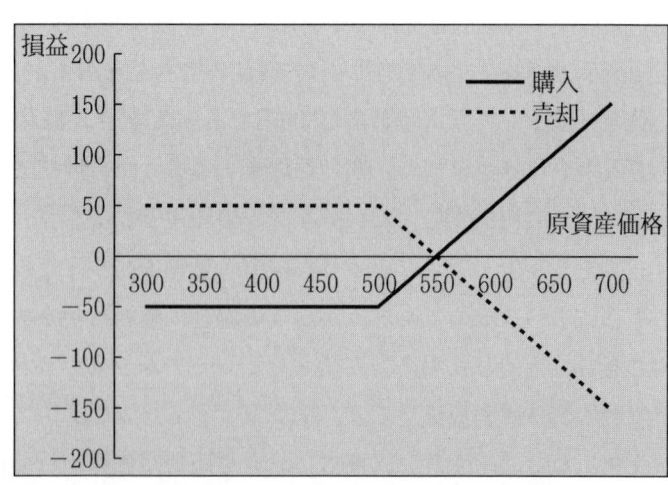

図表10－1　コール・オプションの購入・売却からの損益

プット・オプションの例

プット・オプションは，原資産を行使価格で売却する権利であった。コール・オプションと同じ数値を用いてプット・オプション購入のケースを考えてみよう。

満期日において，原資産価格が700円であった場合，このオプションの購入者は行使価格500円で売却する動機をもたないので，権利を放棄する。一方，満期日において原資産価格が300円であった場合，原資産を300円で購入し，権利行使して500円で売却，プレミアムを差し引いて150円の利益を得る。

図表10－2の実線はこの関係を示したものである。コール・オプションと同様にまとめると，満期日におけるプット・オプションの価値は，$\max(K-S_T, 0)$ と書くことができる。

逆に，プット・オプションの売却は，図表10－2の点線のように示すことができる。売却では，原資産価格が行使価格を下回るほど，損失が生じるという特徴がある。

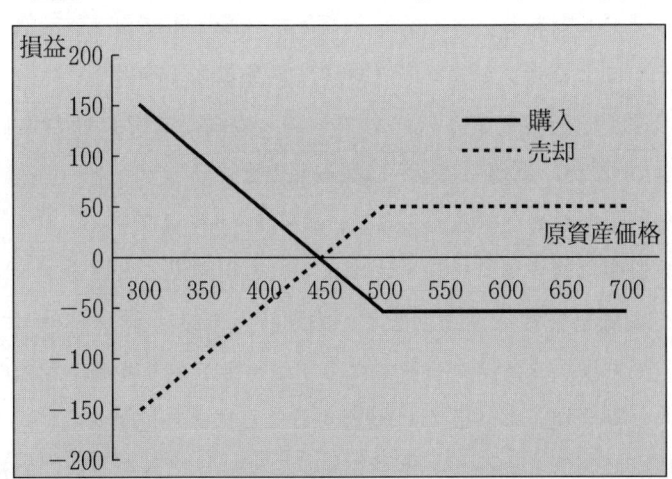

図表10－2 プット・オプションの購入・売却からの損益

オプションを用いたヘッジの例

先物取引で用いた例をオプションにあてはめてみよう。輸出代金10万ドルを3ヵ月後に受け取る際に，円高による円ベースでの受け取り額の減少をヘッジするため，3ヵ月後を満期とする行使価格1ドル＝130円でドルを売却するオプション契約（ドル・プット）を10万ドル分結んだ。

これにより，かりに3ヵ月後の為替レートが1ドル＝125円となった場合，オプションを行使し，1ドル＝130円のレートで円を受け取り，為替差損を回避できる。一方，1ドル＝135円の場合，オプションを放棄して為替差益を得ることができる。

このように，オプションを用いた場合，円安による為替差益獲得の機会を維持したまま，円高による為替差損のリスクをヘッジすることができる。

オプションの評価〜2項モデル

2項モデル（binomial model）とは，将来の原資産価格が変化する経路を上昇と下落の2通りで表現することで，オプションのプレミアムを導出するモデルである。ヨーロピアン・コール・オプションを例にとり，2項モデルによるオプションのプレミアムを示してみよう。

現在の原資産価格をSとし，オプションの満期までに原資産価格がuSに上昇するか，下落してdSになるものとする（$u>1$, $d<1$）。また，安全利子率をrとする。ここで，$d<1+r<u$である。

この原資産に対するコール・オプションの現時点におけるプレミアムをC，行使価格をKとする。また，満期時点におけるコール・オプションと同じキャッシュ・フローをもたらすポートフォリオを，原資産$\varDelta$単位の購入と安全利子率へBだけ投資することにより構築する。

満期時点におけるコール・オプションのプレミアムを原資産価格の上

昇時をC_u，下落時をC_dとすると，

　　原資産価格上昇時　　$\Delta uS+(1+r)B=C_u$ 　　　　　　(10.2)

　　原資産価格下落時　　$\Delta dS+(1+r)B=C_d$ 　　　　　　(10.3)

となる。これをΔ，Bについて解くと，

$$\Delta = \frac{C_u-C_d}{(u-d)S} \tag{10.4}$$

$$B = \frac{uC_d-dC_u}{(u-d)(1+r)} \tag{10.5}$$

となる。満期時点においてコール・オプションと，このポートフォリオのキャッシュ・フローは等しいので，裁定機会が存在しないためには現時点において，

$$C = \Delta S + B \tag{10.6}$$

が成立しなければならない。Δ，Bをこれに代入してオプションのプレミアム，

$$C = \frac{pC_u+(1-p)C_d}{1+r} \tag{10.7}$$

を得る。ここでpは，

$$p = \frac{(1+r)-d}{u-d} \tag{10.8}$$

である。式は満期までの期間を1期間としたモデルである。2項モデルは，さらに2期間以上の期間にも拡張が可能であり，さらに複雑なモデルを得ることができる。

リスク中立確率

さきに与えられたオプションのプレミアムは，(10.7)式のpを確率とみなした場合，オプションによるキャッシュ・フローの期待値を安全利子率で割り引いた形となっている。本来，危険資産はそのリスクに見

合った割引率で評価しなければならないが，割引率の推定は非常にむずかしい。

危険資産の実現確率ではなく，p という新たな確率を導入することで，リスクのない世界での評価，すなわち，安全利子率を用いて評価ができることを，(10.7) 式は示している。そのため，p は，すべての資産の期待収益率を安全利子率とする確率，**リスク中立確率**（risk neutral probabilities）とよばれている。

オプションの評価〜ブラック・ショールズ・モデル

オプションの評価で，2項モデルとならんで広く利用されているものに，**ブラック・ショールズ・モデル**（Black-Scholes Model）がある。配当のないヨーロピアン・コール・オプションのプレミアムをブラック・ショールズ・モデルで示すと，

$$C = SN(d_1) - Ke^{-rT}N(d_2) \tag{10.9}$$

である。ここで e は自然対数の底（$e = 2.71828\cdots$）であり，e^{-rT} は連続時間での割引を示している。また，T は満期までの期間，$N(\cdot)$ は標準正規分布の累積密度関数であり，d_1，d_2 はそれぞれ，

$$d_1 = \frac{\ln(S/K) + (r + \sigma^2/2)T}{\sigma\sqrt{T}} \tag{10.10}$$

$$d_2 = \frac{\ln(S/K) + (r - \sigma^2/2)T}{\sigma\sqrt{T}} = d_1 - \sigma\sqrt{T} \tag{10.11}$$

である。$\ln(\cdot)$ は自然対数，σ は原資産価格のボラティリティ（volatility）である。その他の記号は前出と同じである。

ブラック・ショールズ・モデルより，プレミアムの算出に用いる変数は，原資産価格，行使価格，安全利子率，満期までの期間，そしてボラティリティであることがわかる。このなかでボラティリティが，唯一観察できない変数である。

そのため，過去の原資産価格の時系列から算出した**ヒストリカル・ボラティリティ**（historical volatility），あるいは観察されるプレミアムをブラック・ショールズ・モデルに代入して求めた**インプライド・ボラティリティ**（implied volatility）を用いる。また，満期前の実際のプレミアムと本質的価値には差が存在する。これは満期までにオプションの価値がアット・ザ・マネーないしイン・ザ・マネーになる可能性を反映したものであり，これを**時間価値**（time value）とよんでいる。

プット・コール・パリティ

これまでに示したオプション価格は，コール・オプションのものであったが，プット・オプションはどのようになるのであろうか。両者の間には一定の関係が成立しており，これを**プット・コール・パリティ**（put-call parity）という。ヨーロピアン・コール・オプションとプット・オプションの間に成立するプット・コール・パリティは，

$$P = C - S + Ke^{-rT} \qquad (10.12)$$

となる。ここで，Pはプット・オプションの価格である。

もうひとつの「ストック・オプション」

同じ「オプション」でもこちらは売買されるオプションではない。ストック・オプションとは，企業が役員や従業員にあらかじめ定められた価格で自社株を購入できる権利（自社株購入権）を与えるものである。本章で説明したオプションの種類でいえばコールの購入に相当し，自社株の価格が上昇した場合，権利行使して利益を得ることができる。企業はこのストック・オプションを報酬の一部として用いるが，同時にそれは役員や従業員の「やる気」をおこさせる手段としての意味もある。業績があがらないと株価もあがらないので，ストック・オプションを受け取った役員，従業員は自身の利益のためにも一生懸命に仕事をする，という仕組みだ。よくできた仕組みではないだろうか。詳しくは第14章を参照されたい。

4 スワップ

スワップの性質

スワップ (swap) 取引とは，当事者同士で将来生じるキャッシュ・フローを交換する取引であり，フォワードと同じく相対取引である。主要なスワップ取引には，同一通貨における金利を交換する**金利スワップ** (interest rate swap)，異なる通貨における元利金を交換する**通貨スワップ** (currency swap) のほか，株価指数と金利を交換する**株価スワップ** (equity swap)，原油，貴金属等の商品価格を交換する**商品スワップ** (commodity swap) がある。

以下では，金利スワップと通貨スワップについて，その仕組みを解説する。

金利スワップ

金利スワップは，同一通貨における固定金利と変動金利から生じるキャッシュ・フローの交換である。これはもっとも標準的なスワップであり，**プレーン・バニラ** (plain vanilla) ともよばれている。金利スワップでは，元本の交換は行なわれず，名目的に設定された元本 (**想定元本**, notional principal) に対して設定された金利のみを交換する。

変動金利とは，将来の金利水準があらかじめ定められていない金利であり，一方，固定金利は契約された期間中，あらかじめ金利水準が定められている金利である。LIBOR (London Inter-Bank Offered Rate) は，国際金融市場における代表的な変動金利指標であり，スワップ取引における変動金利として多く用いられている。

金利スワップの仕組みを理解するために，以下の例を考える。A 社

は，LIBOR＋0.5％の変動金利で借入を行なっていたが，支払い金利を固定したいと考えていたとする。一方，B社はクーポンレート5.0％の社債を発行しており，支払い金利を変動金利に移行させたいと考えていたとする。2社の調達額は同じものとする。

　この2社はスワップ契約を結び，支払うべき金利を交換する。たとえば，契約内容が，4.8％の固定金利とLIBOR金利の交換であったとすると，A社はB社からLIBOR金利を受け取り，貸し手に対しLIBOR＋0.5％，B社に4.8％の金利を支払うことで実質的に5.3％の固定金利で資金調達することができる。

　一方，B社はA社から4.8％の金利を受け取り，貸し手に対し5.0％，A社にLIBOR金利を支払うことで実質的にLIBOR＋0.2％の変動金利で調達することができる。この取引を図表にまとめると，図表10－3のようになる。

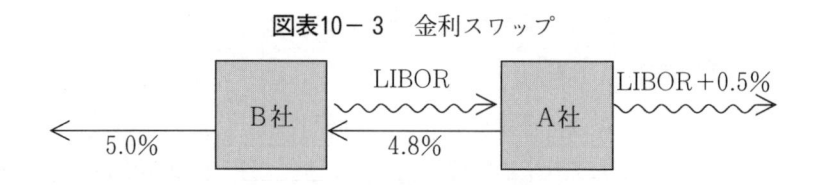

図表10－3　金利スワップ

```
           LIBOR              LIBOR＋0.5％
    ┌────┐ ～～～→ ┌────┐ ～～～→
    │ B社 │         │ A社 │
 ←──┤    │ ←─────  │    │
5.0％└────┘  4.8％  └────┘
```

　A，B両社がそれぞれ直接，固定金利，変動金利により調達を行なう際の調達金利が5.3％，LIBOR＋0.2％より高ければ，このスワップ契約は両社にとって有利な調達となる。また，すでに調達を行なっていた場合，まず返済（あるいは社債償還）し，再度借入（あるいは社債発行）をしなければならないが，スワップ取引であれば，両社の間で契約をひとつ結ぶだけですむ。

　一般にはこのように2社が直接スワップ契約を結ぶことはまれで，各社の資金ニーズを良く知る金融機関などが仲介業者として入り，2社に対しそれぞれ別個にスワップ契約を結び，リスクの一部を負担する代わ

りに利ざやを得ている。

通貨スワップ

通貨スワップは，異なる通貨建ての金利と元本を交換する取引である。主な用途としては，異なる通貨建てによる負債調達，資金運用の元利金にかかる為替変動リスクをコントロールすることにある。ここでも，例をあげて通貨スワップの仕組みを理解することにしよう。

C社はドル建ての社債発行（クーポンレート4.5%）により5億ドル調達した。発行時の為替レートは1ドル＝130円であるとする。C社は日本国内で事業を行なっているので，発行時に円の交換をすると，利子支払いおよび償還時には為替リスクを抱えることになる。

そこで，C社はD銀行と為替スワップ契約を結ぶことにした。たとえば，契約が，① 社債発行時に5億ドルをD銀行に支払い，650億円を

図表10－4　通貨スワップ

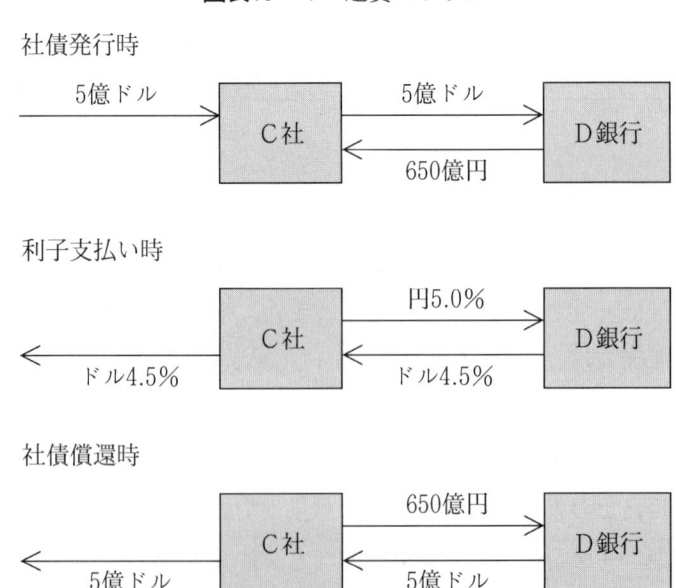

社債発行時

```
5億ドル → [C社] 5億ドル → [D銀行]
              ← 650億円
```

利子支払い時

```
        [C社] 円5.0% → [D銀行]
← ドル4.5%    ← ドル4.5%
```

社債償還時

```
        [C社] 650億円 → [D銀行]
← 5億ドル    ← 5億ドル
```

受け取り，②利子支払い時には円金利5.0%をＤ銀行に支払い，ドル金利4.5%を受け取る。そして，③社債償還時には，Ｄ銀行に650億円支払い，5億ドル受け取る，という内容であったとすると，Ｃ社は実質的に650億円を円金利5.0%で調達できたことになる。この取引を図表にまとめると，つぎの図表10－4のようになる。

　ここでの例では，同じ固定金利同士の通貨スワップを示したが，変動金利同士，固定金利と変動金利の交換を行なうもの，さらに元本の交換が行なわれない**クーポン・スワップ**（coupon swap）とよばれる通貨スワップもある。

天候もリスク管理の対象に

　仕事帰りのサラリーマンがビアガーデンでジョッキを傾ける風景は，夏を感じさせる風景のひとつかもしれない。ところで，ビアガーデンの売り上げに影響を与える要素として無視できないものに「天候」がある。天候が悪化して気温が下がった，あるいは雨が降り出した，という状況でビールをぐいぐい飲む気分にはならないだろう。同じように暑くならないと海水浴場には人が集まらないし，逆に寒くなってスキー場に雪が降らないとスキー客は来てくれない。他にも遊園地やテーマパーク，プロサッカーチーム，電力・ガス会社，百貨店など多くの業種にとって天候が収益を左右する大きな要因となっている。

　天候は経営努力ではどうにもならないだけに，経営者にとっては頭の痛い問題であるといえる。実は，こうした天候による収益変動リスクを回避する金融商品が開発されていて，天候デリバティブとよばれている。多くの場合，それはオプション契約であり，企業は金融機関にプレミアムを支払う代わりに，気温や日照時間などの条件を満たした場合，あらかじめ定められた額を受け取る，といった契約を交わしている。先のビアガーデンの場合，夏の平均気温が定められた水準以下であれば，金融機関から一定の金額を受け取り，天候不順による売り上げ減少の埋め合わせをすることができる，というわけだ。

　近所のあの店も天候デリバティブを活用しているかもしれませんよ…。

《参考文献》

高橋誠・新井富雄『ビジネスゼミナール　デリバティブ入門』日本経済新聞社，1996年

Hull, J., *Introduction to Futures and Options Market*, 3rd ed., Prentice-Hall, Inc., 1998.（小林孝雄監訳『先物・オプション取引入門』ピアソン・エデュケーション，2001年）

《いっそう学習（や研究）をすすめるために》

Hull, J., *Options, Futures, and Other Derivatives*, 4th ed, Prentice-Hall, Inc., 2000.（東京三菱銀行金融商品開発部訳『フィナンシャルエンジニアリング』金融財政事情研究会，2001年）
デリバティブに代表される金融工学におけるバイブル的一冊。理論の学習に加えて，パラメータ推定や数値計算法の紹介など実務面で有用なテーマについてもページがさかれている。また，Excelを用いたデリバティブの計算のためのソフトウェアも付属している。

《レビュー・アンド・トライ・クエスチョンズ》

① フォワード取引と先物取引の違いを説明せよ。

② ある商社が製品の輸入代金250万ドルを半年後に支払うものとする。為替リスクをヘッジするためにはどのような通貨先物取引をすべきか。

③ A社の現在の株価は800円であり，ある投資家がこの株式に対する行使価格900円のヨーロピアン・コール・オプション1単位を80円で購入したとする。満期日におけるこの投資家の損益図を描きなさい。

④ B社の現在の株価は1,020円であり，1期間後には株価が30％上昇するか20％下落することが知られているとする。この期間の安全利子率が5％であるとき，行使価格1,000円のヨーロピアン・コール・オプションのプレミアムを2項モデルにより求めなさい。

⑤ C社とD社は同額の借り入れに対して，以下の金利を提示されている。

	固定金利	変動金利
C社	8.0%	LIBOR+0.2%
D社	10.0%	LIBOR+0.6%

C社は変動金利で，D社は固定金利での調達を望んでいるとき，両社間でどのような金利スワップを組むべきか。ただし，スワップ後に両社が節約できる金利は等しくなるものとする。

第11章

資金調達の諸形態

本章のねらい

　企業を設立し，事業活動を行なうためには，まず資金が必要とされる。さらに企業活動を継続していくためには，短期的な資金需要や成長拡大のための長期的な資金需要など，企業はつねに資金調達の必要性に迫られている。本章を学習すると，以下のようなことが理解できるようになる。

① 資金調達の主な源泉としての外部資金調達と内部資金調達

② 直接金融と間接金融

③ 企業間信用

④ 内部資金調達

1 資金調達の意義

企業が資金調達を行なうということは、**資金不足主体**である企業が、**資金余剰主体**である個人などから金融システムを通じて、資金の融通を受けることを意味する。したがって、資金調達の諸形態は、その国の金融システムのあり方に大きく影響される。従来、わが国では競争制限的な規制をともなった金融システムのもとで、資金調達形態も欧米などに比べて限られたものであった。

しかし、近年における**金融自由化**の進展や**金融技術革新**によって、企業は多様な資金調達手段のなかから、状況に応じた資金調達の方法を選択することが可能となってきている。そこで、資金調達手段の選択は、企業の重要な意思決定課題となっている。

2 資金調達源泉の分類

外部資金調達と内部資金調達

企業の資金調達は、資金調達源泉を企業外部に求めるか、あるいは企業内部に求めるかによって、**外部資金調達（外部金融）**と**内部資金調達（内部金融）**とに大きく分けられる。

外部資金調達とは、証券市場を通じた**株式**や**社債**などの発行による調達や、銀行を中心とする金融機関からの**借入**による調達が中心となる。

また、外部金融は直接金融と間接金融に分けられる。株式や社債による調達は、資金の最終的借り手である企業が株式や社債を発行し、証券市場を通じて資金の最終的貸し手である投資家から直接、資金を調達する方式である。これは、一般に**直接金融**と呼ばれる。

これに対し，銀行や保険会社などからの借入は，最終的借り手である企業が，最終的貸し手である投資家（家計・個人）から直接資金を調達するのではなく，金融機関を介して資金調達を行うものである。そして，これは**間接金融**とよばれる。

　直接金融においては，発行人のリスクは証券の保有者自身が負担することになる。これに対して，間接金融では，貸付先企業のリスクは金融仲介機関が負い，最終的貸し手が負担することはない。

　一方，**内部資金調達**とは，企業活動を通じて得られる企業内部での資金調達手段であり，経営成果たる**留保利益**と**減価償却費**などの**非現金支出項目**がその中心である。

自己資本調達と他人資本調達

　資金調達は，調達された資金が将来返済を義務づけられているかいなかで，**他人資本調達**と**自己資本調達**とに分類できる。他人資本調達は将来の一定期日に元本の支払いが義務づけられており，貸借対照表上の「**負債**」を構成するものである。こうした他人資本調達には，上で述べた社債の発行や銀行借入などのほか**企業間信用**がある。

図表11－1　資金調達源泉の分類

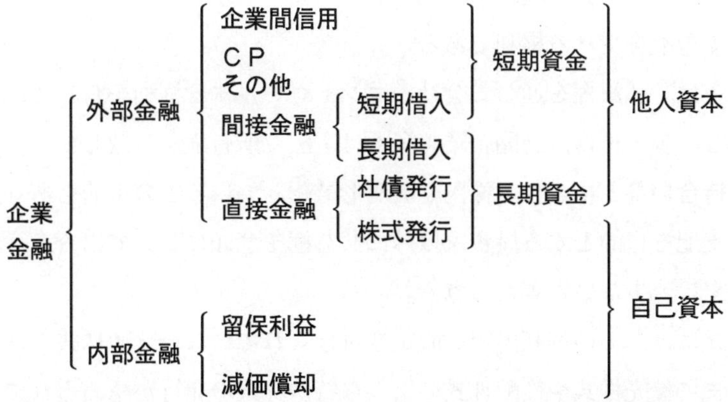

```
                    ┌ 企業間信用  ┐
                    │ CP        ├─ 短期資金 ┐
           ┌ 外部金融 ┤ その他      ┘          │
           │        │ 間接金融 ┌ 短期借入            │
           │        │         └ 長期借入 ┐          ├─ 他人資本
           │        │ 直接金融 ┌ 社債発行 ├─ 長期資金 ┘
企業金融 ┤        │         └ 株式発行 ┘
           │                                      ┐
           │ 内部金融 ┌ 留保利益                    ├─ 自己資本
           └        └ 減価償却                    ┘
```

一方、自己資本調達とは企業の出資者による資金提供であり、返済の義務はない。株式の発行による調達や内部資金調達がこれにあたり、貸借対照表上の「**資本**」を構成する。

3 直接金融による調達

株式発行による調達

(1) 株式の性格と種類

株式とは、株式会社が自己資本の調達手段として、出資者に対して発行する有価証券（株券）に表象されたものであり、会社における**出資者の持分**を示している。したがって、株主はその持分に応じて会社を所有しており、会社に対してさまざまな権利を有している。

株主のもつこうした権利は、大きく**共益権**と**自益権**とに分けられる。共益権とは、会社の最高機関である**株主総会**における**議決権**であり、持株数に応じて経営に参加する権利である。

一方、自益権には、**利益配当請求権**と**残余財産分配請求権**とがある。前者は、会社が稼得した利益の分配にあずかる権利であり、後者は、会社清算時に債権者の請求権が満たされた後の残余利益および残余財産に対して分配を受ける権利である。

株主は、議決権を通じて会社をコントロールする権利を有している。しかし、現実には、公開企業の多くは、広く所有権が分散しているほか、**株式持合**いなどにより、株主総会が形骸化しているとの指摘もあり、会社の支配を目的とする投資家以外に共益権を念頭において出資を行なう投資家は、少ないと考えられる。

株式には、その権利内容に限定を付けられていない普通株式のほか、これまで優先株式や後配株式のような特殊株式の発行が認められていた。

しかし，2001年の商法改正により，**種類株式**として，さらに多様な株式の発行が認められるようになった。**優先株式**とは，普通株式に優先して配当，残余財産あるいは双方の分配を受け取る地位を与えられた株式である。また，通常配当優先株式の配当額は利益にかかわらず一定であることが多く，これを完全無議決権株式として発行すれば，むしろ債券に近い性格をもつことになる。

また，第6章で述べられた**子会社連動株式（トラッキングストック）**は，配当金額がゼロになることもありうるため，その意味で配当優先株式とはいえず，後述の議決権制限株式のうち「配当に関し内容の異なる株式」と考えられる。

後配株式は，優先株式とは逆に配当や残余財産の分配において普通株式より劣位にあるものである。後配株式は，調達資金が直ちに利益を生み出さないような場合に発行されるものであるが，現実にはあまり利用されていない。

2001年の商法改正によって認められるようになった種類株式には，**議決権制限株式**，**転換予約権付株式**などがある。こうした株式の多様化は，企業の資金調達手段の幅を広げ，新たな資金調達可能性を提供するものである。

なお，株式にはこれまで**額面株式**と**無額面株式**とがあったが，2001年の商法改正によりすべて無額面株式となった。また，**単元株制度**が導入され，一個の議決権を有するための保有株数を1単元として定款で定めることができるようになった。

(2) 株式の発行方法

新株を発行して資金調達を行なうことを**増資**という。増資によって，調達された資金は自己資本に組み入れられ，自由度が高く，かつ返済期限のない長期安定的資金であるといえる。

なお，会社設立後の新株発行は，株主総会で認められた授権資本の範

囲内であれば取締役会の決議で自由に行なえる。増資にあたって，株式の引受人から現金またはその他の財産の払い込みを受けるものを**有償増資**といい，払い込みを受けないものを**無償増資**という。

① 有償増資

有償増資には，**株主割当増資，第三者割当増資，公募増資**の3つの形態がある。有償増資における新株の発行価格は取締役会において決定されるが，公募増資では既存株主の利益を害せぬよう時価を基準とする価額でなければならない。

株主割当増資とは，既存株主に新株引受権を与えて増資を行うものである。株主割当増資では，従来，額面金額（2001年商法改正前）もしくは額面と時価との中間価額による発行が多かった。こうした価額による発行は，通常有利発行となることが多く既存株主に歓迎され，1970年頃まで有償増資の主流であった。しかし，理論的には増資による株数増加と調達資金とのアンバランスにより株価の権利落ちが生じ（これを「**希薄化**」という），経済的な効果はもたらさない。このことを以下の例で確認しよう。

いま，増資前の発行株数が N_0 株であり，株式時価 P_0 円の企業が額面 P_f で n 株の増資を行なったとする。このとき新株発行に応じた既存株主全体のキャピタルゲインは，以下のようになる。

$$\Delta = (P_0 - P_f)n$$

ところで，企業価値は払い込まれる金額のみしか増加しないので，増資後の株価はつぎのとおりとなる。

$$P_1 = \frac{P_0 N_0 + P_f n}{N_0 + n}$$

したがって，希薄化によって既存株主が被るキャピタルロスの全体は，

$$(P_0 - P_1) \times (N_0 + n) = \left(P_0 - \frac{P_0 N_0 + P_f n}{N_0 + n}\right) \times (N_0 + n) = (P_0 - P_f)n \quad (11 \cdot 1)$$

となって，キャピタルゲインとキャピタルロスとが，完全に相殺されることがわかる。このように，株式市場が効率的であれば，有利発行による既存株主の損得は生じないのである。

第三者割当増資とは，信用力の回復や資本提携などを目的とし，特定の第三者を引受先として増資を行なう方法である。第三者割当増資の一般的なパターンは，会社再建のため資本の充実を必要とする会社に対し，グループ企業やメインバンク，取引先などが引受先となって株式発行を行なう場合である。また，近年では業界再編の流れのなかで，海外の有力企業との資本提携のために第三者割当増資を行なうパターンも目立っている。ただし，第三者割当増資において，とくに有利な価額で株式を発行する場合には，株主総会の決議が必要となる。

最後に，現在もっとも一般的となっている増資形態が，株式時価をベースとして，広く資金提供者を募る公募増資である。わが国において公募増資は，1970年代以降，徐々に増加しはじめた。そして，1980年代から90年代にかけて大幅に増加し，いまや完全に増資の主流となっている。

公募株式の売出方法には，引受シンジケート団による**ブックビルディング方式**と**入札形式**とがあるが，わが国ではブックビルディング方式が中心となっている。公募増資のメリットは，ⓐ 発行の可否が市場メカニズムにゆだねられること，ⓑ 株式発行による権利落ちが生じないこと，などがあげられる。

② 無償増資

つぎに，無償増資とは，株主に新株を交付するにあたり払込金を取らずに無償で割り当てることをいう。かつては株式配当，無償交付，株式分割などに分類されていた。しかし，1990年の商法改正により，これらは，すべて**株式分割**に統一された。

株式分割による効果は，1株当たりの市場価格が高い株式の価値を引き下げ，株式の流動性を高めることなどがある。また，株式分割による

既存株主の金銭的メリットは、さきの有利発行の場合と同様、効率的な市場のもとでは生じない。

社債発行による調達

(1) 社債の性格と種類

社債とは、企業が債券を発行することにより、資本市場から直接、大量の長期資金を調達する手段である。社債は、資金の貸借関係を証券化したものであるから、貸借対照表上の負債を構成する。負債による調達は、株式と異なってつぎのような特徴をもっている。

① 調達企業は、発行時に公約した利息の支払いと元本返済の義務を負っており、それらの支払いの滞りは、**債務不履行（デフォルト）**を意味する。

② 配当と異なり、負債の支払い利息は、税法上損金であり、法人税は課せられない。

③ 負債の所有者（債権者）には、議決権は与えられない。

社債は、その内容により、**普通社債**と**新株予約権付社債**とに分けられる。普通社債はまた、利付債と割引債とに分類される。利付債とは、毎年定期的に利息（クーポン）が支払われ、満期日（償還日）に元本（額面）が返済される債券である。これに対し、割引債とは、発行期間中に利息の支払いがなく、額面金額に対して割り引きして発行することにより、利息相当分を支払うものである。

社債の発行（**起債**）の方法には、不特定多数を販売対象とする公募と特定少数の投資家との相対交渉にもとづく非公募とがある。社債は、発行者のニーズと投資家とのニーズが、一致してはじめて発行されるものであり、そのためさまざまな形態の社債が発行されている。

(2) 新株予約権付社債

社債の特殊な形態として、従来代表的であったものに**転換社債**と**新株**

引受権付社債（ワラント債）とがある。転換社債とは，社債の保有者が所定の期間内（転換請求期間）にあらかじめ定められた価格（転換価格）で発行会社の新株式に転換できる権利を付与された社債である。

一方，新株引受権付社債とは，普通社債に新株引受権（ワラント）が付与されたものである。ここで，新株引受権とは，所定の期間内（新株引受権行使期間）に所定の価格で一定数もしくは一定額の新株を購入することができる権利のことである。ワラント債は，ワラント部分と社債部分とを分離して別個に取引譲渡できるかどうかにより，分離型と非分離型とに分けられていた。

しかし，2001年の商法改正により，**新株予約権**という考え方が導入された。そして，転換社債と新株引受権付社債は，ともに新株予約権付社債の一形態とみなされるようになった。したがって，商法改正後，転換社債は，新株予約権付社債のうち，新株予約権の行使によって取得する新株の代金として社債金額を強制的に充当する「強制代用払込条項付」のものとされる。

また，非分離型ワラント債は，上記以外のものとされ，新株予約権の行使にあたり新たな払込みが必要とされるものとなった。さらに，分離型ワラント債は，たんに新株予約権と社債とが同時発行されたものにすぎないとみなされるようなった。

なお，この「新株予約権」という考え方は，**ストックオプション**の拡充を意図して導入されたものであり，企業役員や従業員などに無償で与えられる新株予約権がストックオプションと考えられる。

コマーシャルペーパーによる調達

コマーシャルペーパー（CP）とは，企業が短期の資金調達のために発行する無記名無担保の約束手形である。わが国のCP市場は，1987年に創設され，現在では発行残高が20兆円を越すまでに成長している。

CPは，約束手形といっても，実需取引をともなわない，など，性格的には社債に近く，証券取引法上でも有価証券とみなされる。CPの最低発行単位は，1億円以上であり，割引形式で発行される。

また，発行期間は2週間以上1年未満とされているが，ほとんどが3ヵ月程度で発行されている。CPの発行においては，発行企業に対する法的な制限はないものの，それが無担保で発行されるため，通常一定以上の**格付け**をもつ優良企業に限られている。

4 間接金融による調達

わが国の企業にとって，もっとも一般的な外部資金調達の手段が，借入金である。借入金には，銀行からの借入のほか生・損保さらにはノンバンクなどの銀行以外の金融仲介機関からの借入もある。借入金融によって調達された資本は，他人資本であり，貸借対照表上の負債となる。

銀行借入の形態は，大きく**商業手形割引**，**手形借入**，**証書借入**，**当座借越**，の4つに分けられる。

商業手形割引は，企業が保有する満期前の商業手形を銀行に譲渡し，譲渡日から満期日までの金利相当額を割引料として手形金額から差し引いた額を受け取る形の資金調達手段である。また，当該手形が満期日において不渡りとなった場合には，割引を依頼した企業が手形金額を返済しなければならない。

手形借入は，企業が自己振出の約束手形を銀行に差し入れて資金の借入を行なうものである。商業手形割引や手形借入は，主に短期資金調達の手段として用いられる。

証書借入とは，企業が銀行と金銭消費貸借契約を取り交わすことにより資金の提供を受ける方法である。このとき借入証書（金銭消費貸借契約書）には，契約金額，元本の返済期限，返済方法，利率およびその支

払方法など借入の主要な契約内容が記載される。証書借入は，主に長期資金調達に利用される。

当座借越とは，当座預金口座をもつ企業が預金残高を超えて振り出した小切手や約束手形などの支払いに対して，契約にもとづく一定金額まで銀行が応じるという借入形態である。当座借越は，一般に**オーバードラフト**（O/D）とよばれている。

5 企業間信用

縮小する資金調達

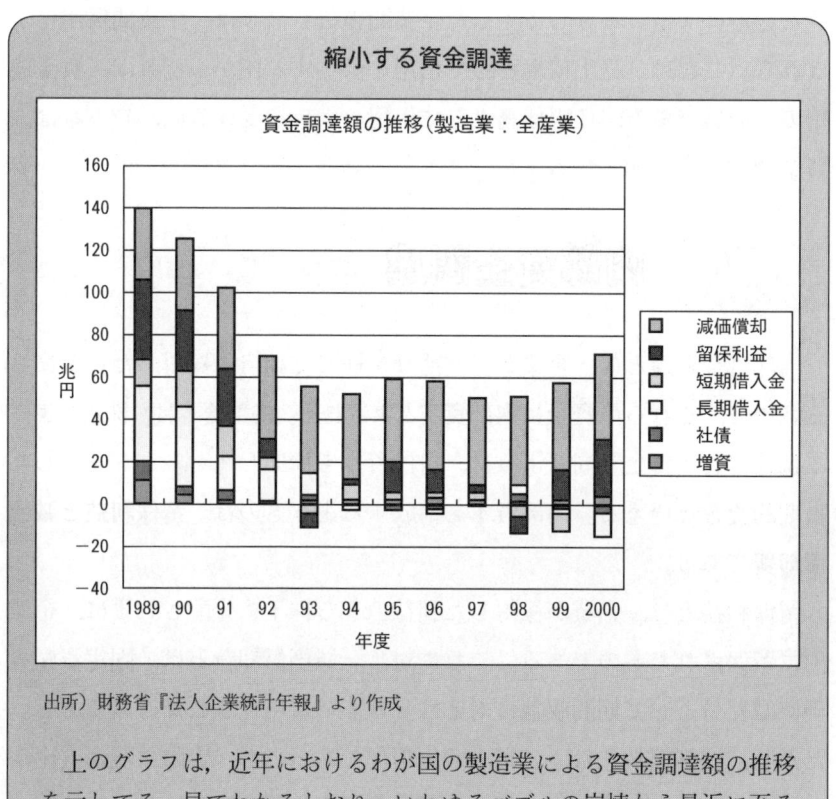

資金調達額の推移（製造業：全産業）

凡例：減価償却／留保利益／短期借入金／長期借入金／社債／増資

出所）財務省『法人企業統計年報』より作成

上のグラフは，近年におけるわが国の製造業による資金調達額の推移を示してる。見てわかるとおり，いわゆるバブルの崩壊から最近に至るまで，企業の資金需要が，大幅に減少している。また，特徴的なことは，

> 長期借入金や短期借入金といった間接金融による調達が，いちじるしく減少し，むしろ最近ではマイナスとなっていることである。このことは，わが国の製造業が高度成長期に見られた銀行借入に依存した財務体質から脱却しつつあることを意味している。
> しかし，それ以上に資金需要全体の大幅な減少は，わが国の製造業が近年有望な投資機会を見いだせないでいることを意味しており，不況の深刻さを物語っている。

　企業が通常の商取引に際し，販売代金の受け取りや購入代金の支払いを現金で行なわず，将来に猶予した場合，企業間に信用の授受が行なわれたことになる。こうして生じた企業間の貸し借りは，**企業間信用**とよばれる。これは，売上債権として信用を供与する側からすれば，資金運用の一形態であり，仕入債務として信用の供与を受ける側からみれば，資金調達の一形態となる。

6　内部資金調達

　内部資金調達とは，企業が営業活動を通じて独自に稼得した資金による調達で，これらの資金は**内部資本**とよばれる。内部資本は，株式によって調達された資金と同じように，自己資本を構成し，もっとも安定した長期的資金といえる。内部資本を構成する主なものは，**留保利益**と**減価償却費**である。

　留保利益とは，企業が稼得した利益のうち株主に分配されずに，企業内に留保されたものである。これに対し，減価償却費とは，固定資産の価値減耗分として期間収益に対応させる形で費用化されたものである。ただし，減価償却費は，名目上費用項目であっても，実際に現金支出があるわけではなく，その金額だけ企業内部に蓄積される。したがって，企業内に留保される安定的資金という面では，留保利益と同じであると

みなしうる。

　ところで，稼得した利益を株主への配当としていくら分配し，いくら内部留保させるかという問題は配当政策の問題である。したがって，配当政策自体が，内部資金調達の重要な構成要素として考えられる。この配当政策に関する問題は，第14章において考察する。

《参 考 文 献》

　　亀川雅人『入門経営財務』新世社，2002年
　　津森信也『入門企業財務　理論と実践　第2版』東洋経済新報社，2002年
　　落合誠一・神田秀樹・近藤光男『商法Ⅱ－会社　第6版』有斐閣，2003年

《いっそう学習（や研究）をすすめるために》

　　首藤恵・松浦克己・米澤康博『日本の企業金融』東洋経済新報社，1996年
　　わが国の企業金融における伝統的な特徴や問題点，さらにはその経済的な意味合いについて詳しい。

《レビュー・アンド・トライ・クエスチョンズ》
① 直接金融と間接金融との違いを述べ，またそれぞれの代表的な調達法をあげなさい。
② 優先株式と利付債との異同を述べなさい。
③ 発行済み株式総数100万株，現在の株価350円の会社が，20万株を1株当たり50円で株主割当増資を行なったとする。市場が効率的であるとき，この会社の株価はいくらになるか。

第11章　資金調達の諸形態

第12章

資本コストと資本構成

―― 本章のねらい ――

　企業資金調達は，資金余剰部門からの資金提供を受けることを意味する。このとき資金提供者は，現在の資金を提供する代わりに，時間的要素とリスクを加味した将来資金を見返りとして要求するのである。ここで企業が資金利用の対価として資金提供者に支払うべき報酬を，資本コストとよぶ。本章と学習すると，以下のことが理解できるようになる。

① 資本コストの概念
② 調達源泉別資本コストおよび加重平均資本コストの算定方法
③ 資本コストと企業の資本構成問題

1 資本コストと企業価値

投資などで企業が資金調達を行なう際に，それに応じて資金提供を行なう投資家は，他の運用機会を断念して企業の収益機会に投資したことになる。すなわち，投資家は，他の運用機会に投資したならば，得られたであろう収益率を最低限上回ることを，当該企業の投資案に期待している。

このように，資本コストとは，投資家の資金に対する**機会費用**であり，投資家が資金提供の報酬として受け取ることを期待する**要求収益率**である。さらにまた資本コストは，企業の側からみれば投資案採否の判定基準すなわち**切捨率**（cut-off rate）としての性格をも併せもっている。

ところで，企業への資金提供者はさまざまであり，これらの要求収益率を平均したものが，企業全体の資本コストとなる。この企業全体の資本コストは，当該企業の市場価値を維持するために，最低限獲得しなければならない収益率である。したがって，リスクを一定としたとき，これを上回る投資案を実行した場合には，企業価値が上昇し，これを下回る投資案を実行したときには，それだけ市場価値が低下することになる。

2 資本コストの推定

資本コストが投資家の要求収益率であることは，前節で述べたとおりである。しかし，これを求めるためには，資本市場で形成されている株価や債券価格から適切な資産評価モデルを用いて推定することが必要となる。本節では，調達源泉別に資本コストの推定についてみていく。

基本公式

一般に，各々の資本コストは，正味調達額と投資家に支払われる将来キャッシュ・フローの現在価値合計が等しくなる割引率として求めることができる。したがって，

F_0：調達額（投資家の投資額）
f：調達額中発行費用の占める割合
C_t：投資家に支払われる将来キャッシュ・フロー
n：資本の利用期間

としたとき，

$$F_0(1-f) = \frac{C_1}{(1+k)} + \frac{C_2}{(1+k)^2} + \cdots\cdots + \frac{C_n}{(1+k)^n}$$

$$= \sum_{t=1}^{n} \frac{C_t}{(1+k)^t} \tag{12.1}$$

を満足する k が資本コストとなる。

さらに，投資家に支払われる毎期のキャッシュ・フローが，一定かつ永久に続く場合（**永久アニュイティ**）（$C_1 = C_2 = \cdots\cdots = C_n = \cdots\cdots C$）には，次式のように資本コスト k が決定される（第2章2(4)を参照）。

$$F_0(1-f) = \frac{C}{k}$$

$$\therefore k = \frac{C}{F_0(1-f)} \tag{12.2}$$

負債のコスト

負債の場合，投資家へ支払われるキャッシュ・フローは，毎期の利子

（I_t）および満期における元本（M）の償還である．また，企業にとって，支払利息は，税控除可能であるので，**節税効果**を有している．したがって，ΔB を調達額とすれば，基本公式より負債の税引き前コストは，以下の式を満たす k_d として与えられる．

$$\Delta B(1-f) = \sum_{t=1}^{n} \frac{I_t}{(1+k_d)^t} + \frac{M}{(1+k_d)^n} \tag{12.3}$$

さらに，節税効果を考慮すれば，

$$k_i = k_d(1-t)$$

として与えられる k_i が，税引き後の負債コストである．ただし，t は法人税率を表す．

優先株式の資本コスト

第11章でみたように，優先株式において投資家に支払われる将来キャッシュ・フローは優先配当であり，通常これは，毎期一定で永久に続くとされる．したがって，優先株式の資本コスト k_P は，基本公式の永久アニュイティ型として以下のように求められる．

$$k_P = \frac{md_P}{mP_P(1-f)} = \frac{d_P}{P_P(1-f)} \tag{12.4}$$

ただし，
 P_P：現在の優先株価
 d_P：毎期の優先配当
 m ：新規発行株式数

普通株式の資本コストの推定

負債や優先株式と比較して，普通株式の資本コストを推定することは，非常に困難である．普通株式によって投資家にもたらされるリターンは

インカム・ゲインとキャピタル・ゲインからなる。しかし，これらは，ともに契約などで明示されたものではなく，不確実性をともなうものである。また，会計的にみても，普通株式のコストは，明示的に示されない。

普通株式の資本コストを推定する方法には，2つのアプローチがある。ひとつは，基本公式と同じくディスカウント・キャッシュフローにもとづく考え方であり，代表的なものに**配当割引モデル**（Dividend Discount Model：DDM）がある。

別のアプローチは，リスクプレミアム・モデルにもとづく考え方であり，なかでもとくに重要なものが，第9章で学んだ**資本資産評価モデル**（Capital Asset Pricing Model：CAPM）を用いた推定方法である。ここでは，これら2つのアプローチについて説明する。

(1) 配当割引モデルを用いた推定方法

① 既存の普通株式の資本コスト

配当割引モデルは，株式の価値を将来配当流列の現在価値と考え，次式のように表される。

$$P_0 = \sum_{t=1}^{\infty} \frac{d_t}{(1+k_e)^t} \tag{12.5}$$

ただし，

P_0：現在の1株あたり株価

d_t：t期における配当

ここで毎期の配当が一定率（g）で成長すると仮定すると，

$$P_0 = \frac{d_1}{1+k_e} + \frac{d_1(1+g)}{(1+k_e)^2} + \frac{d_1(1+g)^2}{(1+k_e)^3} + \cdots\cdots$$

となり，これは初頃 $\dfrac{d_1}{1+k_e}$，公比 $\dfrac{1+g}{1+k_e}$ の無限等比級数であるので，無限等比級数の和の公式を用いて整理すると，

$$P_0 = \frac{d_1}{k_e - g}$$

となる。したがって,

$$k_e = \frac{d_1}{P_0} + g \qquad (12.6)$$

として求められる k_e が，株式資本コストとなる。上記のように配当が一定成長すると仮定するモデルを，**一定成長型 DDM** とよぶ。

② 新株発行の資本コスト

新規に株式を発行する場合，通常，発行費用がかかる。したがって，その分だけ資本コストは，高くなる。新株発行の資本コストを k_S として，一定成長型 DDM を仮定すれば，k_S は，以下のようにして求めることができる。

$$k_S = \frac{d_1}{P_0(1-f)} + g \qquad (12.7)$$

(2) CAPM を用いた推定方法

配当割引モデルによって普通株式の資本コストを推計する場合には，将来配当の予測を行なう必要があり，その予測によっては推定される資本コストが大きく異なる。さらに第9章で学んだように，投資家が株式に投資をする場合，企業のもつリスクに応じて期待するリターンが異なるはずである。しかし，配当割引モデルでは，企業固有のリスクと割引率との関連が明示されていない。このような短所から，一般に株式の資本コストを推定する場合，配当割引モデルではなく，CAPMを用いることが多い。

CAPM によれば，個別株式の期待リターンは，安全利子率とリスクプレミアムとから構成され，以下のように表される（第9章参照）。

$$r_i = r_f + (r_M - r_f)\beta_i \qquad (12.8)$$

さて，株式資本コストの推定に CAPM を用いる場合，**安全利子率，市場リスクプレミアム，ベータ**というインプットが必要であり，それらの推定が非常に重要となる。

留保利益の資本コスト

企業の**留保利益**にかかる資本コストは，しばしばゼロであると思われているかもしれない。しかし，これは，資本コストが機会費用であるというこれまでの説明から，明らかに誤りであることがわかるであろう。つまり，留保利益は，株主の持分であり，そこには将来配当の期待が込められているのである。すなわち，留保利益は株主からみれば，現在投資中の株式への投資と同じであるといえる。したがって，留保利益の資本コストは，株式資本コストと一致する。

3 加重平均資本コスト

これまで調達源泉別資本コストの推定方法について述べてきた。本章の冒頭で述べたとおり，資本コストは，投資家の要求収益率であるばかりでなく，企業において投資意思決定の判定基準としての性格をもつ。このとき投資判定基準としての資本コストは，企業全体の資本コストでなければならない。企業全体の資本コストは，調達源泉別資本コストを**目標資本構成**によって加重平均したものとして定義され，これを**加重平均資本コスト**（weighted average cost of capital：WACC）とよぶ。

いま，株式の時価総額をS，負債の時価総額をBとし，株主資本コストおよび負債コストをそれぞれ，k_S，k_B，また実効法人税率をtとすれば，加重平均資本コストは，以下のようにして求められる（第2章3(3)参照，ただし，ここでは法人税を考慮している）。

$$WACC = \frac{S}{S+B}k_S + \frac{B}{S+B}k_B(1-t) \tag{12.10}$$

さて，加重平均資本コストを算定するうえでウェイトとなるべき資本構成については，ⓐ 構成比率は，**時価**にもとづいて計算する，ⓑ 実際

に調達された資本構成ではなく,長期的な企業の**目標資本構成**にもとづいて計算する,という2点について留意しなければならない。

4 資本構成の決定

　加重平均資本コストの算定では,ウェイトとなるべき資本構成をどのように考えるかということが問題となった。そこでは,目標資本構成を用いるべきことを述べた。では,この目標資本構成は,どのようにして与えられるのだろうか。一般に目標資本構成は,企業全体の資本コストを最小にするものであることが望ましいが,果たして資本構成によって総資本コストは変化するのであろうか。こうした問題は,**最適資本構成の問題**とよばれるものであり,本節ではこの問題について考察する。

資本構成問題の理論的フレームワーク

　企業の活動は,大きく分けると,利益の獲得を目指して資本の効率的な運用を行なおうとする投資活動と,投資に必要とされる資金の調達活動からなる。ここで資金調達における意思決定とは,さまざまな源泉のうちから,どのような手段を用いるかという**調達源泉の選択**と,どれだけの額を調達するかという**調達規模の決定**である。そして,この資金調達意思決定によって,企業の資本構成が決まることになる。

　ところで,資金調達意思決定においてとくに重要となるのが,調達に際して,社債や銀行借入など,他人資本を用いるか,いなかということである。なぜなら,企業の投資活動とそれによる成果には,不確実性が付随するのに対して,他人資本の利用は,満期における元本の返済義務と借入期間中における確定利子の支払義務という拘束性を負うため,経営活動に対して大きな圧力を加えるからである。したがって,資本構成問題の中心的な課題は,**他人資本の利用**に関するものとなる。

さらに，資本構成問題を考えるうえでの基本的な論点となるのが，どのような資本構成をもって「最適」と考えるのかということである。この問題は，企業目的として，なにを考えるかということと同義である。本書では，**企業価値の最大化**をもって企業目的と考えており，ここでも，その観点から最適資本構成を考えることにする。

　企業価値の最大化という観点から資本構成を考えるということは，いいかえれば企業価値を最大にする資本構成が存在するのか，また，存在するのであれば，そのような資本構成は，どのようにして求められるのかという問題に帰着する。

　それでは，次項において負債利用がもたらす財務問題を考えていこう。

負債利用にともなう財務問題

　負債利用にともなって生じる財務問題にはさまざまなものがあり，それぞれが企業価値に与える影響も一様ではない。こうした問題の解説は，後に譲るとして，ここでは負債利用による**レバレッジ効果（税金を考慮しない場合）**のみを扱うことにする。

　負債利用によるレバレッジ効果とは，企業が負債を利用するとき，全額自己資本で調達する場合よりも，**総資産利払い前利益率**（Return on Asset：ROA'）が負債利子率を上回るときには，**自己資本利払い後利益率**（Return on Equity：ROE'）を拡大し，逆に総資産利払い前利益率が負債利子率を下回るときには，自己資本利払い後利益率を縮小させるというものである。つまり，総資産利払い前利益率と自己資本利払い後利益率とは，(12.11) 式の関係にあるため，

$$ROE' = ROA' + (ROA' - i) \cdot \frac{L}{E} \qquad (12.11)$$

ただし，

　　L：負債額　　E：自己資本額　　i：負債利子率

図表12−1　財務レバレッジ効果

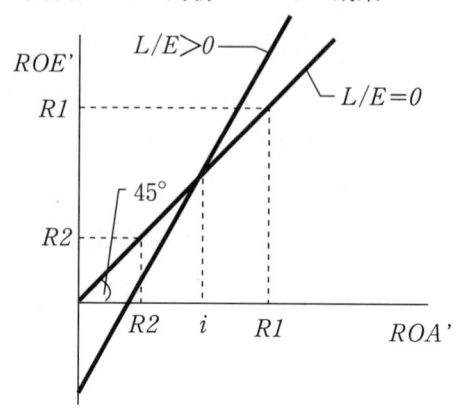

$ROA' > i$ のとき（負債利子率を上回る総資産利払い前利益率を稼得できるとき）には，$(ROA'-i) \cdot \dfrac{L}{E}$ だけ ROA' を上回る ROE' を達成でき，その効果は負債比率（$\dfrac{L}{E}$）が高いほど高まる（これを**正のレバレッジ効果**という）。

しかし，逆に $ROA' < i$ のとき（負債利子率より低い総資産利払い前利益率しか獲得できないとき）には，負債の利用度が高ければ高いほど，自己資本利払い後利益率の悪化に拍車をかけてしまうのである（これを**負のレバレッジ効果**という）。こうした関係を示したものが図表12−1である。

レバレッジ効果

図表12−1から明らかなように，企業の収益性には不確実性が存在するのに対し，負債利子は確定的でかつ優先的であるため，自己資本利払い後利益率の変動性は，総資産利払い前利益率の変動性よりも大きくなる。すなわち，企業の収益性におけるリスクが一定であっても，負債を利用すれば全額自己資本である場合よりも，株主のリターンに対するリスクは増幅される。

この負債利用にともなって株主が負担する追加的なリスクは，**財務リ**

スク (financial risk) とよばれる。財務リスクを標準偏差で測れば，以下のようにして求めることができる。まず，自己資本利払い後利益率の標準偏差を求めると，

$$\sqrt{\sigma^2(ROE')} = \sqrt{\sigma^2\left\{ROA' + (ROA' - i) \cdot \frac{L}{E}\right\}} = \sqrt{\sigma^2(ROA')\left(1 + \frac{L}{E}\right)^2}$$

$$= \sigma(ROA')\left(1 + \frac{L}{E}\right)$$ となり，したがって財務リスクは，

$$\sigma(ROE') - \sigma(ROA') = \sigma(ROA') \cdot \frac{L}{E} \tag{12.12}$$

として計算される。

　以上のように，負債利用は，株主にとって新たなリスク負担を強いる。こうした追加的なリスク負担は，株主の要求収益率に反映され，企業の資本コストを変化させることになる。ところで，企業価値は市場の評価を通じて決定されるものであり，またその市場の評価は資本コストに表される。したがって，負債利用による追加的なリスクが市場において，どのように評価されるかということが，負債による企業価値への影響の決定要因である。

　ここでは，株主についてのみみてきたが，負債利用は，債権者にもなんらかの影響を及ぼすかもしれない。さらに，それは経営者の意思決定にも影響を与え，企業の収益性そのものを変化させる可能性もある。このように，負債利用が企業の収益性とリスクにどのような影響を与え，また，それが市場においてどのように評価されるのかということが，最適資本構成を考えるうえでの重要な論点なのである。

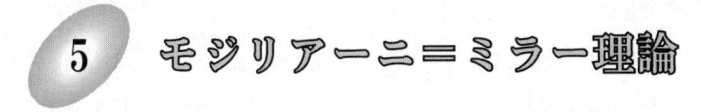

5 モジリアーニ＝ミラー理論

　資本構成問題については，これまで数多くの研究が行なわれてきた。

そして，それらのうちでも，とりわけ先駆的な業績として知られるものが，理論的に資本構成と企業価値との無関連性を示した**モジリアーニとミラー**の共同論文である（Modigliani, F. and M.H. Miller [1958][1]：以下，MMと記す）。

MM論文が発表された当時の一般的な見解は，現実の観察から加重平均資本コストを最小にする負債水準，すなわち最適資本構成が存在する，というものであった。MMの命題は，この見解に対立するものであり，多くの論争を引き起こすことになった。

MM理論の特徴

MM理論は，同質的で，合理的な投資家の行動と**税制の存在しない完全資本市場**という仮定をおきながら，企業価値を部分均衡のもとで評価するところにある。

完全市場のもとでは，同じ商品が異なった価格で売られるということはない。すなわち，もしそのような状況があれば，市場参加者は安いところから買って高いところに売るという**裁定取引**を行なうため，徐々に価格差は縮小していき，均衡では同一の価格となるからである。MM理論の命題も，市場における裁定メカニズムによって証明されている。

MM命題

MM理論は，3つの命題に集約される。なかでも第1命題は，その中核をなしており，後の2つの命題は，第1命題から導出される。以下では，3つの命題それぞれについて示しておく。

① 第1命題

MM理論の第1命題とは，「企業の市場価値は，その資本構成から独立であり，その企業が属するリスククラスに固有の資本化率 k^* によって，期待利払い前利益を資本化することによって与えられる」というも

のである。すなわち，これが，MM 理論の**資本構成無関連命題**とよばれる。この命題を式で表すと，以下のようになる。

$$V_U = V_L = \frac{E(X)}{k^*} \tag{12.13}$$

ただし，

　　$E(X)$：利払い前利益の期待値

　　V_U：負債をもたない企業（U 企業）の市場価値

　　V_L：負債利用企業（L 企業）の市場価値

　上式の意味するところは，「ある企業の総資本コストはその企業の期待利払い前利益のリスクによってのみ規定される」ということである。

　つまり，同じリスククラスに属する企業の総資本コストはすべて同じであり，それは，そのクラスに属する純粋に自己資本のみからなる企業の資本化率に等しい（すなわち，$k^* = k_U^*$）のである。したがって，利払い前利益の期待値とそのリスクが同質である限り，単に資本構成のみを変化させたとしても企業価値に影響を及ぼすことはないのである。

② 第2命題

MM 理論の第2命題は株式の期待収益率に関するものであり，次式で与えられる。

$$E(y_L) = E(y_U) + \{E(y_U) - i\}\frac{B_L}{S_L} \tag{12.14}$$

ここで，

　　y_U：U 企業の自己資本利払い後利益率　　ただし，$y_U = \dfrac{X}{V_U}$

　　y_L：L 企業の自己資本利払い後利益率　　ただし，$y_L = \dfrac{X - iB_L}{S_L}$

　　i：利子率

　　S_L：L 企業の市場価値

B_L : L 企業の負債の市場価値

また, (12.14) 式を資本コストとしてみなせば, 以下のように表記できる。

$$k_e = k^* + (k^* - i)\frac{B_L}{S_L} \tag{12.15}$$

第2命題によれば, L 企業の自己資本利払い後利益率の期待値は, U 企業の自己資本利払い後利益率の期待値に財務リスクに対するプレミアムを加えたものとなる (**財務レバレッジ**を思い返されたい)。換言すれば, L 企業の自己資本コストは, 負債比率の増加関数となり, 負債比率とともに上昇する。このことについては, つぎのように考えることができる。

すなわち, 第1命題が成立する場合, 資本構成にかかわらず, 企業価値が一定であり, それは企業に対する出資者全体が要求する期待収益率, つまり総資本コストが一定であることを意味している。企業の総資本コストは自己資本コストと負債コストとの加重平均であるわけだから, 低コストである負債の利用は, ちょうどそのメリットを打ち消すかたちで自己資本コストの上昇をともなうのである。この自己資本コストの上昇分は, 負債利用により付加される財務リスクに対して要求されるもので

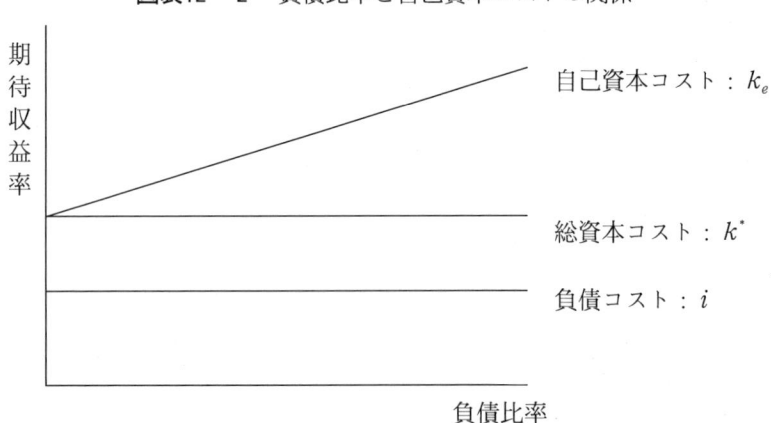

図表12-2　負債比率と自己資本コストの関係

ある。

これらの関係を表したものが図表12-2である。

③　第3命題

MM理論の第3命題は，企業の資本コストに関するものであり，以下のように述べられる。

「投資判定基準としての資本コストは投資のための資金調達方法と無関係に与えられ，当該リスククラスに固有の資本化率 $k^*(=k_U^*)$ に等しくなる。」

MM命題の証明

さきに述べたように，MM理論の中核は，裁定メカニズムによって証明される第1命題である。以下では，第1命題について，その証明をみていこう。

①　第1命題の証明

企業の生み出す期待利払い前業利益とそのリスクは等しいが，資本構成のみが異なる企業が存在するとする。それらの一方は，自己資本のみからなる企業である（これをU企業とする）。他方は，負債利用企業（これをL企業とする）であるとする。これらの企業価値をそれぞれ V_U，V_L で表す。

このときもし，$V_U \neq V_L$ であるならば，過大評価された企業の株主は，自己の所有する株式を売却し，過小評価された企業の株式と必要に応じ社債とを購入することによって，裁定利益を得ることができる。こうした取引は裁定利益がゼロになる水準まで行なわれるので，最終的に $V_U = V_L$ という均衡状態を回復することになる。

それでは，上記の説明を以下の取引例で確認していこう。

②　$V_U > V_L$ のとき

いまU企業の株式の α 部分を所有している投資家を考える。ここで，

彼はまず，自己の保有する U 企業の株式を売却し，その代金によって L 企業の株式の α 部分と L 企業の社債の α 部分を買うことによって，当初より $\alpha(V_U - V_L)$ だけ少ない資金で，当初とまったく同じ期待利益 αX を得ることができる。したがって，U 企業の株式から L 企業の株式への乗換えが進むことになり，やがて U 企業の株価と L 企業の株価は等しくなる。

これらの取引をまとめると図表12－3とおりとなる。

図表12－3 $V_U > V_L$ の場合の裁定取引

	必要投資額	利　益
1．当初の状態	αV_U	αX
2．取引		
a．L 企業の株式の α 部分を買う	$\alpha S_L = \alpha(V_L - B_L)$	$\alpha(X - iB_L)$
b．L 企業の社債の α 部分を買う	αB_L	$\alpha i B_L$
合　　計	αV_L	αX

③　$V_U < V_L$ のとき

さきほどと同様に L 企業の株式のうち α 部分を所有する投資家を考えると，図表12－4に示される取引を通じて，やがて $V_U = V_L$ が達成される。

図表12－4 $V_U < V_L$ の場合の裁定取引

	必要投資額	利　益
1．当初の状態	$\alpha S_L = \alpha(V_L - B_L)$	$\alpha(X - iB_L)$
2．取引		
a．U 企業の株式の α 部分を買う	$\alpha S_U = \alpha V_U$	αX
b．個人で αB_L 相当額を借入れる	$-\alpha B_L$	$-\alpha i B_L$
合　　計	$\alpha(V_U - B_L)$	$\alpha(X - iB_L)$

また，図表12-4では個人借入れを想定し個人でL企業と同じ資本構成を複製していることがわかる。これをMMでは「**自家製レバレッジ**」(homemade leverage) とよんでいるが，こうしたことが可能となるのは，個人と企業が同条件で借り入れられるとしているからである。

税制を考慮した MM 理論

　上記の議論では，**税制**が存在しないことが仮定されていた。しかし，現実の世界にはさまざまな税制が存在している。それらを考慮すれば，さきの結論はどのように変更されるであろうか。税制の考慮は，MM自身が1963年に発表した論文において示されており（Modigliani, F. and M.H. Miller [1963][2]），ここでは，その議論を紹介する。

① 第1命題

　MM [1963] では，税制の導入にあたって**法人税**のみについて考慮し，個人の所得税は考慮していない。このような状況のもとでは，借入れのあるL企業のほうが，自己資本のみからなるU企業よりも企業価値が大きくなる。いま，法人税率を t とすれば，第1命題は，以下のように修正されて均衡のもとで成立することになる。

$$S_L + B_L = V_L = V_U + tB_L \tag{12.16}$$

　法人税を考慮した第1命題をみれば，明らかに負債を利用したほうが株主にとって有利であることが示される。これは，利払い前利益そのものの大きさに変化がなくとも，負債を利用しない場合には課税所得が大きくなり，法人税として流出する額が多くなるからである。ただし，こうした節税効果が期待されるのは，暗黙裡に黒字企業を想定しているからであることには，注意が必要である。

② 第2命題

　つぎに，法人税を考慮した場合の第2命題を示すと，以下のようにな

る。

$$E(y_L^*) = E(y_U^*) + (1-t)\left\{E(y_U^*) - i\right\}\frac{B_L}{S_L} \qquad (12.17)$$

　法人税を考慮しない第2命題と上式とを比較すれば，法人税を考慮した場合には，負債増加に付随して補償されるべき財務リスクプレミアムが，節税効果（すなわち，1－法人税率）分だけ軽減されていることがわかる。

　③　第3命題

　さて，法人税を考慮した場合の第3命題について検討しよう。法人税が存在しない場合，投資判定基準としての資本コストは資本調達方法と関係なく一定であったが，法人税が導入されるともはやそうではない。法人税の考慮により，調達源泉によって資本コストが異なってくることは，注目に値するといえる。

倒産可能性と倒産コストの考慮

　法人税を考慮したMM理論では，負債利用度が高いほど企業価値が高まることになった。しかし，だからといって，現実に負債による調達を無制限に行なう企業は存在しない。このことは，負債利用において節税効果というアクセルのほかに，なんらかのブレーキとなる要素が存在するからにほかならない。

　無制限な負債利用に対するブレーキとしてまず考えられるのは，倒産確率の上昇とそれにともなうコストの問題であろう。MM理論のもとでは，負債には，貸倒れのリスクがないものと想定されていた。しかし，一般には，ビジネス・リスクを一定としたとき，負債利用が大きくなればなるほど，債務不履行に陥る確率は高くなる。債務不履行の可能性の上昇や，実際に債務不履行や倒産という事態に陥ることは，それに関連するさまざまなコストを発生させる。

これらのコストを「**倒産コスト**」と総称するならば，倒産コストは負債利用による節税効果とトレードオフの関係をもち，過大なレバレッジに対するブレーキとして働くことになる。この場合，最適な資本構成は限界節税額と限界倒産コストが等しくなる点（図中の B_L^*）で与えられる。こうした関係を示したものが，図表12−5である。

　ところで，ここでいう倒産コストには，どういったものが考えられるであろうか。ひとつには，倒産にともなって管財人などに支払う費用や，事務手続きに要する費用などの倒産に関連する直接的コストがあげられる。また，このほかには，倒産によって失われた機会コスト，あるいは倒産に至らなくとも倒産確率の高まりによる利子率の上昇，さらには，企業経営に対する制約などといった間接的なコストもあげられよう。したがって，こうしたコストの総現在価値が，図表12−5で示される倒産コスト $k(B_L)$ ということになる。

　しかし，この倒産コストが実際にどの程度の大きさであるかを測定することは，非常に困難である。さらに，倒産コストが企業の資本構成に影響を与えるには，相当の額であることが必要となるが，近年わが国の

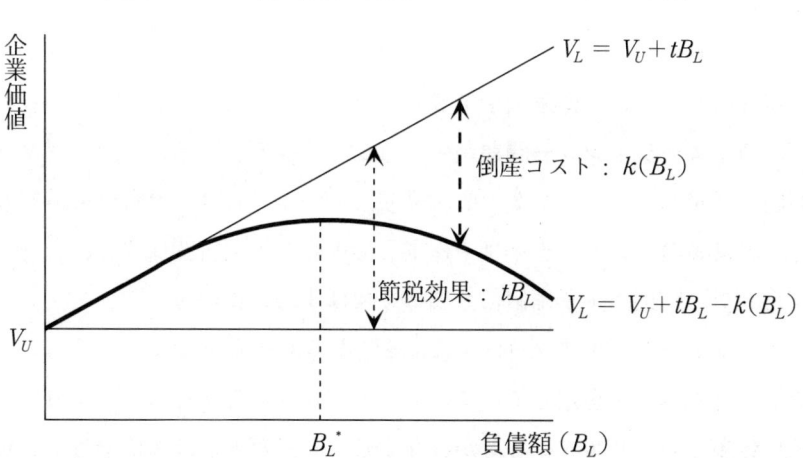

図表12−5　節税効果と倒産コストのトレードオフ関係

大企業にみられる負債比率の低下などを勘案すると，倒産コストがそれほど大きな額であるとは考えにくい。したがって，倒産コストのみによって資本構成問題を説明することには限界があろう。

次節では，情報の不完全性に着目しながら，現代の企業理論にもとづいた資本構成問題を考えることにする。

6 情報の不完全性の考慮

MM理論では，企業の資本構成が企業価値と無関連であることが示される。これは，すべての経済主体が利用可能な情報を等しく有しており，その結果，企業のもたらす収益性やその変動性に関して同一の確率分布を形成しているからにほかならない。このような状況では，企業の収益性とその変動性は外生的に与えられ，同じリスククラスに属する企業は，同一の資本コストに直面する。

しかし，現実には完全情報の世界はありえない。通常，経営者は企業外部の投資家よりも自社の投資活動やその成果に関してより多くの情報をもつであろう。また，投資家は，経営者の行動を完全に観察することはできない。

こうした情報の不完全性とそこでの利害関係者間の契約が不備である状況のもとでは，**逆選択**や**モラルハザード**（moral hazard）といったいわゆる**エージェンシー問題**が生じることになる。このエージェンシー問題を考慮したとき，企業の資本構成，いいかえれば資金調達のあり方は，経営者のインセンティブや株主と債権者との利害関係などに影響を与え，その結果，企業価値にも影響を及ぼすことになる。

エージェンシー・アプローチによる資本構成の議論は，どのようなエージェンシー関係を想定しているかや，モデルの前提条件などによって非常に数多くのバリエーションが存在する。したがって，本節ではそれら

のうちの代表的な見解を紹介する。

シグナリングとしての資金調達行動

　経営者と投資家の間に**情報の非対称性**が存在するとき，投資家は企業の発行する**証券の品質**（証券が約束する将来のキャッシュ・フロー支払いがどの程度確実に行なわれるかという確実性の程度）に関して，経営者の行動から情報内容を推論しようとする。このとき，証券の品質に関するシグナルが情報優位者である経営者などから発せられない場合には，結果として品質のよい証券が駆逐され，市場には品質の悪い証券のみが存在するという「逆選択」とよばれる状況に陥る。こうしたもとで，企業の発行する社債は，その額面額がシグナルとなるという考え方がある。

　すなわち，債務不履行を起こしたときに被るコスト（上述の倒産コストを想定されたい）や経営者の評判低下など，デフォルト時のデメリットが大きいときには，低品質の企業（企業収益のリスクが高く，デフォルト確率の高い企業）は，満期償還額の大きな社債を発行できない。したがって，発行される社債の額面が，シグナルとなり，企業の選別が行なわれるという考え方である。

経営者のモラルハザード抑制機能としての負債調達

　今日の大企業のように所有と経営が分離し，また経営者の企業に対する持分がきわめて少ないという状況のもとでは，経営者は株主価値の向上に対するインセンティブよりも，自己の評判や役得など，利己的な行動をとる可能性が生じる。経営者によるこうしたモラルハザードの傾向は，企業に多額の**フリーキャッシュ・フロー**が存在する場合に，より顕著になるであろう。

　すなわち，株主の見地からすれば，フリーキャッシュ・フローは，増配や自社株買いなどを通じて株主に還元されるべきであるが，利己的な

経営者は，自分自身や自身に好意的な従業員などのための支出に充てるかもしれない。経営者によるこうしたモラルハザードを抑制するには，**モニタリング**や**動機づけ**のための仕組みを必要とし，そのためのコスト（これらのコストは，株主と経営者の利害対立による**エージェンシー・コスト**と考えられる）を要する。

このような状況で負債の割合を高めることは，フリーキャッシュ・フロー発生の余地を小さくするとともに，倒産とそれによる経営権の喪失といったリスクを経営者に負わせるため，このようなエージェンシー・コストを削減することになる。

負債利用によるエージェンシー・コスト

いま述べた2つの議論は，いずれも負債利用のメリットを示すものであった。さきの言葉を用いれば，いわゆる負債利用のアクセルとして働くものだが，負債利用にはメリットだけでなく，デメリット，すなわちブレーキとなる面も存在する。負債利用のデメリットとして，とくに重要な問題が，**資産代替問題**と**過小投資問題**である。

資産代替問題とは，経営者が既存株主の利益に従った行動をとる場合，負債利用度が高いときに過大投資を誘発しうるという問題である。これはリスクの大きな投資を実行したとき，当該投資の成功時には支払利子の固定性から，そのリターンの多くを株主が享受し，一方，失敗時には，株主の有限責任制のもとで，その損失の一部を債権者が負担することになり，この割合は負債利用度が高いほど顕著になるというものである。[3]このような状況が想定される場合，債権者は，貸出額を減少させる，利子率を高める，リスクの大きな投資を抑制する条項を債務契約に加える，といった行動をとるであろう。これらによって発生するコストは，負債利用によるエージェンシー・コストの一例である。

つぎに過小投資問題とは，負債利用が過剰なため，プラスの正味現在

価値をもつ投資であっても採択されず，社会的に望ましい水準よりも低い投資しか行なわれない状況を指すものである。この逸失利益もまた，負債利用によるエージェンシー・コストである。

間接金融とエージェンシー・コスト削減機能

さて，これまで情報の非対称性から生じるさまざまなエージェンシー問題をみてきたが，間接金融による調達はこうしたエージェンシー・コストの削減に寄与しているという見方がある。

間接金融の代表はいうまでもなく，銀行ということになるが，わが国の**メインバンク・システム**にみられるように，銀行は融資に対して，事前・事後を問わず，審査・モニタリングを行なう。これにより，経営者のモラルハザードを解消し，また，モニタリング活動がメインバンクによって代表的に行なわれることから，情報コストの削減にも寄与するといわれている。さらに，わが国では，メインバンクは債権者であると同時に大株主であることが多いため，既存株主と債権者間での利害対立問題も軽減するといわれる。

しかし，こうした機能が十分に働くためには，メインバンクがもつ審査能力が相当程度高くなければならないことは明らかであろう。今日，頻繁に**不良債権問題**や**コーポレート・ガバナンス**に関する問題が取りざたされているが，このことは，わが国のメインバンク・システムが上記の機能を十分に果たせていない可能性を示すものと思われる。

わが国企業の資本構成

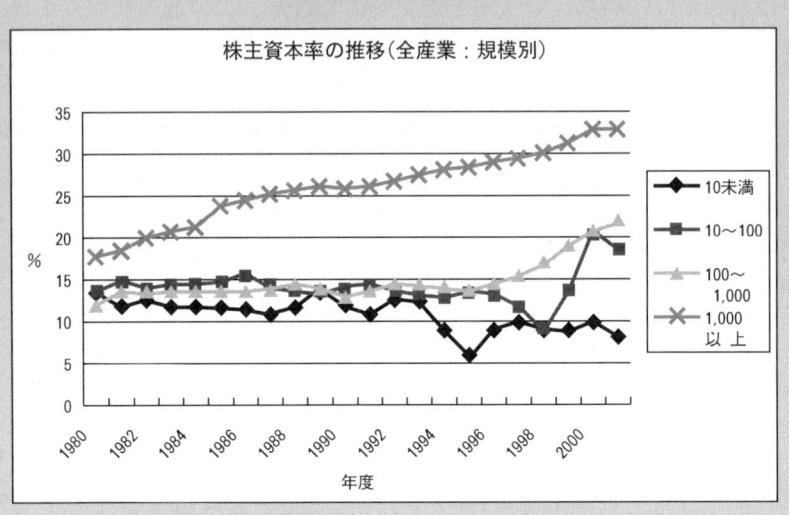

株主資本率の推移（全産業：規模別）

凡例：
- ◆ 10未満
- ■ 10〜100
- ▲ 100〜1,000
- × 1,000以上

出所）財務省『法人企業統計年報』より作成。ただし単位百万円。

　上のグラフは，わが国の製造業における株主資本比率の推移を資本金の規模別に示したものである。グラフから，資本金が10億円を超える大企業では，1980年代後半より株主資本比率が大幅に上昇していることがわかる。これは，1980年代以降におけるエクイティファイナンスの増加により，わが国の大企業がその財務構造を大きく変化させてきた表れである。

　しかし，その一方で中堅企業やとりわけ中小企業では最近までほとんど変化が見られないことがわかる。このことから，わが国の中堅・中小企業では依然として資本市場へのアクセスがかなわず，銀行などからの借入れに依存せざるをえない状況にあることが示される。

注

1）Modigliani, F., and M.H.Miller, "The Cost of Capital, Corporate Finance, and the Theory of Investment," *American Economic Review*, 48, pp.261-297, June, 1958.

2）Modigliani, F., and M.H.Miller, "Corporate Income Taxes and The

Cost of Capital:Correction," *American Economic Review*, 53, pp.433-443, June, 1963.

3) この問題は，株式のもつオプションとしての性質からもたらされる。すなわち，株主の手にする残余利益は，本質的に無限に大きくなりうるが，株主の被る損失はゼロ以下にはならない。この場合，第10章でみたオプション評価モデルから推測されるように，オプションとしての株式価値は，そのボラティリティが大きいほど高くなる。しかし，これとは逆に，高いボラティリティは債権の価値を低めてしまう。すなわち，企業が高いリスクの事業を行なえば行なうほど，債権者から株主へと富の移転が行なわれることになるのである。

《参考文献》

新井富雄・渡辺茂・太田智之『資本市場とコーポレート・ファイナンス』中央経済社，1999年

高橋文郎『実践コーポレート・ファイナンス』ダイヤモンド社，2001年

仁科一彦『現代ファイナンス理論入門』中央経済社，1997年

古川浩一・蜂谷豊彦・中里宗敬・今井潤一『基礎からのコーポレート・ファイナンス　第2版』中央経済社，2001年

《いっそう学習（や研究）をすすめるために》

堀彰三『最適資本構成の理論　第2版』中央経済社，1991年
　資本構成理論に関する諸研究の体系的な検討について詳しい。

辻幸民『企業金融の経済理論』創成社，2002年
　資本構成に関する理論的考察のほか，わが国における実証研究なども含まれている。

藪下史郎『金融システムと情報の理論』東京大学出版会，1995年
　情報の非対称性と金融システムに関する理論研究として詳しい。

《レビュー・アンド・トライ・クエスチョンズ》

① 優先配当40円，現在の株価が500円である優先株式の資本コストを

計算しなさい。
② A社のβ値は1.2であり，市場リスクプレミアムが8％，安全利子率6％であるとき，CAPMにもとづいてA社の普通株式の資本コストを求めなさい。
③ 上記の会社の当期配当が200円であり，また配当は毎期8％で成長すると期待されている。A社の現在の株価が3,000円であるとき，一定成長型DDMにもとづいて普通株式の資本コストを求めなさい。
④ B社の資本構成および源泉別資本コスト（税引き前）は，以下のとおりである。

	資本構成	源泉別資本コスト
長期借入金	20%	4%
社債	20%	6%
株式	25%	12%
留保利益	35%	12%

税率を50％とするとき，B社の加重平均資本コストを求めなさい。
⑤ 総資本120億円が全額自己資本であるC社のEBITは経済の状況に応じて以下のように期待されているとする。

不況（確率：0.3）	平常（確率：0.4）	好況（確率：0.3）
4.8億円	12億円	19.2億円

いま，C社は60億円の借入により，自己株式の買入償却を検討している。このとき買入消却後のROEが新たに負担する財務リスクを標準偏差によって測定しなさい。ただし，借入の利子率は8％で一定であり，また税金は存在しないものとする。
⑥ D社に関する情報が以下のように与えられている。

EBIT：151.52億円　実効税率：34％　負債時価総額：500億円
D社のリスククラスに属する全額自己資本企業のROA：20％
負債の資本コストが10％であり，MM命題が成り立つものとして以下の問いに答えよ。

(1) D社の自己資本価値総額を求めなさい。
(2) D社の自己資本コストを求めなさい。
(3) D社の加重平均資本コストを求めなさい。

第 13 章

投資意思決定 ―資本予算―

本章のねらい

　この章では，ビジネス・ファイナンスの投資意思決定に必要な手法を学ぶ。

　本章を学習すると，以下のことが理解できるようになる。

① 現在価値法 ⎫
② 内部利益率法 ⎬ DCF（割引キャッシュフロー）法
　　　　　　　 ⎭
③ 税引後キャッシュフローの測定
④ 不確実性下の投資意思決定

1　資本予算の意義

　第1章で述べたように，株主の富の最大化という企業目的に接近する具体的な手段として，**長期的な投資**（ないし**資本支出**）に関する意思決定が行なわれる。長期的な資本支出を管理する予算を**資本予算**（capital budgeting）という。ここで，投資（ないしは資本支出）には，設備投資をはじめとして，研究開発投資，新事業開発投資，新市場開拓投資などのほか，関連会社投資，証券投資，在庫投資など，将来収入の増加を期待して行なう現在の資本支出の一切が含まれる。

　この種の活動は，一般に，長期間の巨額な資金投入を要し，将来の収益と費用の発生構造を変化させ，企業価値に重大な影響をもたらす。しかも，決定をいったん，実行に移すと，後で取り消したり，修正するのが困難であるから，企業活動を長期にわたって拘束する。その意味において，資本予算の適否は企業の命運を左右するといってもよい。

　資本予算の編成過程は，まず，①複数の投資プロジェクトの提案（機会集合の設定）が行なわれ，これらの投資案のなかから採算のとれるものを選択するために，②各投資プロジェクトの経済計算（機会原価の算定）が行なわれる。ただし，この経済計算には，第2章で述べた理由により，会計利益ではなく，**キャッシュ・フロー**が使われる。

　また，キャッシュ・フローは，**増分**で表される。つまり，投資を行なった場合と行なわなかった場合に，変化するキャッシュのみが，意思決定の関連項目として分析対象となる。

　また，投下資本の経済的効果は，長期間にわたって発生するから，各期に生じるキャッシュ・フローを単純に加減するだけでは許されなくなる。それは「貨幣の時間価値」と「リスク要因」を無視することになり，意思決定を誤る原因になるからである。

2 現在価値法と内部利益率法

投資の可否を決定するために，投資からもたらされる効果の測定にキャッシュ・フローを用い，貨幣の時間価値を考慮する方法は，DCF 法（discounted cash flow method，割引キャッシュ・フロー法）とよばれ，具体的には**現在価値法**と**内部利益率法**があげられる。

現在価値法

投資案がもたらす年々のキャッシュ・フローを**資本コスト**で割り引いて現在価値を計算し，それから投資の現在価値を控除して**正味現在価値**（NPV：net present value）を求め，$NPV \geq 0$ であれば採択し，$NPV < 0$ であれば棄却するという決定ルールである。ここで，資本コストとは，投資資金の調達コストであって，資本提供者が要求する年間利益率によって測定される。

いま，投資の**経済命数**を n 年，初期投資額を I_t（$t=0, 1, \cdots\cdots, n$）ここで，I_0 は初期投資額，I_1 以降は追加投資額を表す，t 期のキャッシュ・フローを R_t（$t=1, 2, \cdots\cdots, n$），資本コストを k とすると，正味現在価値 NPV は次式によって算定される。

$$NPV = \sum_{t=1}^{n} \frac{R_t}{(1+k)^t} - \sum_{t=0}^{n} \frac{I_t}{(1+k)^t} \tag{13.1}$$

追加投資がない場合は，

$$NPV = \sum_{t=1}^{n} \frac{R_t}{(1+k)^t} - I_0 \tag{13.2}$$

となる。また，R_t が毎期一定であるとすると，

$$\sum_{t=1}^{n} \frac{R_t}{(1+k)^t} = R \left\{ \frac{1}{1+k} + \frac{1}{(1+k)^2} + \cdots\cdots + \frac{1}{(1+k)^n} \right\}$$

$$= R\left\{\frac{(1+k)^n-1}{k(1+k)^n}\right\} \tag{13.3}$$

となる。ここで，$\frac{(1+k)^n-1}{k(1+k)^n}$ を**年金現価係数**，R を**年価**（annuity）という。

たとえば，投資額5億円，5年間にわたって毎年1億6千万円の（税引後）キャッシュ・フローが見込まれる投資案の場合，資本コストを5％とすると，p.23の複利現価係数表から，NPV はつぎのように計算される。

$$NPV = \frac{1.6}{(1+0.5)} + \frac{1.6}{(1+0.5)^2} + \cdots\cdots + \frac{1.6}{(1+0.5)^5} - 5$$

$$= 1.6\,(0.952 + 0.907 + 0.864 + 0.823 + 0.784) - 5$$

$$= 1.927\,（億円）$$

あるいは，p.26の年金現価係数表を参照すると，$k=5\%$，$n=5$ の年金現価係数は4.329となるので，つぎのように計算することができる。

$$NPV = 1.6 \times 4.329 - 5 = 1.927\,（億円）$$

いずれにせよ，NPV がプラスになっているから，この投資案は採択すべきである。

n を無限大にすると，年金現価係数は $\frac{1}{k}$ に収束する。したがって，無限に継続する年金 R（**永続年金**，perpetuity）の現在価値は $\frac{R}{k}$ となる。

内部利益率法

投資案の内部利益率を求め，それが資本コスト（要求利益率）を上回れば採択し，下回れば棄却する。ここで，**内部利益率**（IRR：internal rate of return）とは，投資案のキャッシュ・フローの現在価値を投資額の現在価値に等しくする（すなわち，NPV をゼロにする）割引率をいう。したがって，次式を成立させる r が，内部利益率となる（追加投資がない場合）。

$$\sum_{t=1}^{n} \frac{R_t}{(1+r)^t} = I_0 \qquad (13.4)$$

 ただし，これを解析的に解くのは困難であるから，試行錯誤（trial and error）によって求めるのが通例である。たとえば，上例において，r を 5％とした場合，NPV は 1 億9,270万円であったから，r の値はもっと大きいはずである。そこで，試しに20％とおくと，年金現価係数は2.9906なので，NPV ＝1.6億×2.9906－ 5 億＝－2,150万円となる。マイナスになったのは割引率が高すぎたためである。

 つぎに，15％で調べてみよう。15％のとき，年金現価係数は3.3522なので，NPV ＝1.6億×3.3522－ 5 億＝3,635万円となる。この試算によって，内部利益率は15％と20％の間にあることがわかる。

 つぎに，15％と20％の間は直線関係にあると仮定して，補間すると，r＝18.1％（＝15＋(20－15)×3,635÷(3,635＋2,150)）となる。この値は 5 ％の資本コストを上回るから，内部利益率法によっても採択すべきであると判断される。（Excel によって求める場合は，p.113を参照）

3 投資案の順位づけ

 相互に独立な投資案を評価する場合には，現在価値法と内部利益率法はどちらを用いても，同一の結論に到達する。しかし，同種の代替案が多数提案され，ひとつを採択すれば自動的に他の案を棄却しなければならないような相互排他的な場合や，資金制約のためにどれかを削らなければならないような資本配分が問題となる場合には，「投資案の順位づけ」が必要となる。

 そのようなときにはこの 2 つの決定ルールは，ときに矛盾する結論を出すことがある。経済命数が，いずれも 2 年で投資額 I が同一である，つぎの 2 つの投資案 A と B を考えよう。いずれも資本コスト k は 5 ％

とする。

図表13−1

投資案	I	R_1	R_2	r	NPV
A	200万円	20万円	250万円	17.0%	45.8 万円
B	200	210	40	21.5	36.2

　内部利益率法によれば r に注目して，B案が優位に判定されるが，現在価値法によれば NPV が大きいA案が上位にランクされる。果たして，どちらの考えに従うべきなのか。

図表13−2　NPV と IRR の関係

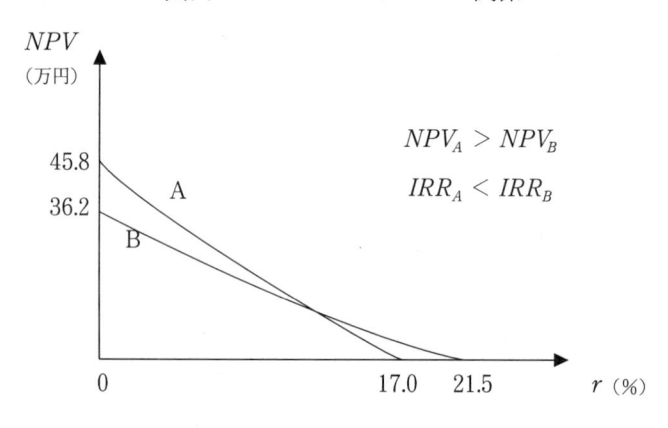

NPV（万円）

45.8
36.2

A
B

$NPV_A > NPV_B$
$IRR_A < IRR_B$

0　　　　　17.0　21.5　　r（%）

　このくい違いは，回収した資金 R を再投資する際の利益率の相違から生じている。内部利益率は利益率 r で運用されるのに対し，現在価値法では資本コスト k で運用される。このことを確認するために，R_1 が再投資されると仮定しよう。そうすると，キャッシュ・フローの第2年度末の価値は，内部利益率法によれば $R_1(1+r)$ になり，**現在価値法**によれば $R_1(1+k)$ となる。これに R_2 を加えると第2年度末のキャッシュ・フローの価値（終価）が計算される。

図表13－3

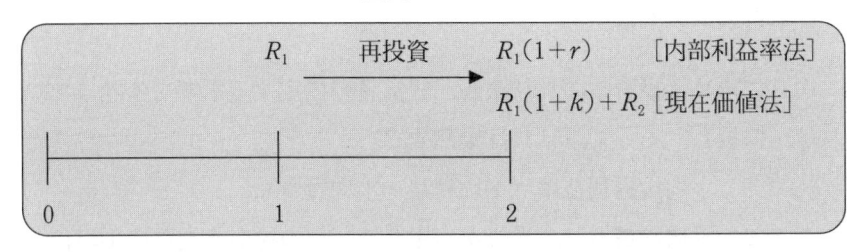

```
              R₁      再投資      R₁(1+r)    ［内部利益率法］
                  ──────────→
                              R₁(1+k)＋R₂ ［現在価値法］
   ├──────────────┼──────────────┤
   0              1              2
```

投資案Ｂについてこれを求めると，内部利益率法では295.15万円，現在価値法では260.50万円になる。これをそれぞれの割引率で現在価値に変換し（295.15×0.677，260.50×0.907），それから投資額 I を控除すると NPV が計算される。内部利益率法ではゼロ，現在価値法では36.2万円になる。この結果は，再投資を明示的に考慮せずに求めた当初の結論に一致する。

そうすると，いずれの結論を妥当とするかは，再投資利益率としていずれを適切と判断するかに依存することになる。内部利益率法の仮定の下では資本コストを上回る投資機会がほかに存在しなければならないが，そのような保証がつねにあるわけではない。それに対して，資本コストを保証する機会は，その定義から明らかなように他にも存在するはずである。その点で現在価値法の仮定のほうがより現実的であると考えられよう。

4 その他の投資決定ルール

現在価値法と内部利益率法のほかにも，**投資の経済性**を判定する方法がある。以下に述べる2つの方法は，時間価値を考慮しないという点で，理論的には承認されない。しかし，計算が平易なために，実務ではよく利用される。

会計的投資利益率法

次式で求める投資案の利益率が，経営者の指定する水準を上回っていれば，採択し，そうでなければ棄却する。

$$\text{平均投資利益率} = \text{平均利益} \div \text{平均投資額}$$

ここで，**平均利益**とは，投資から生じる毎年の税引後利益の平均値である。

さきの投資案について，毎年の税引後利益を求めると，つぎのようになる。残存価値をゼロとする定額法による減価償却を行なうことにすると，毎年の減価償却費は1億円（＝（5億円－0円）÷5年）になる。この投資案が毎年の税引前キャッシュ・フローをx億円増加させるとすると，税引前利益は（$x-1$）億円増加する。

一方，税率を40％とすると，税金の増加額は$0.4(x-1)$億円，税引後利益は$0.6(x-1)$億円になる。税引後キャッシュ・フローが1.6億円であったから，$(x-0.4(x-1))=1.6$という関係がなりたつ。これを解くと，$x=2$になる。

したがって，税引前利益は1億円増加し，税金の増加額が4千万円と税引後利益は6千万円になる。また，5年間の平均投資額は2.5億円（（5億円－0円）÷2）になるから，平均投資利益率は24％（＝0.6億円÷2.5億円）となる。

回収期間法

次式で算定される**回収期間**（すなわち，投資額を回収するのに要する期間）が所定の年数以下であれば，採択し，そうでなければ棄却する。

$$\text{回収期間} = \text{投資額} \div \text{毎年の税引後キャッシュ・フロー}$$

前例でこれを計算すると，約3.13年（＝投資額5億円÷税引後キャッシュ・フロー1.6億円）となる。なお，キャッシュ・フローが毎年均一で

ない時はキャッシュ・フローを初年度から累積していって，投資額に等しくなるまでに要する年月を求めればよい。

　回収期間法は，回収期間経過後のキャッシュ・フローを無視するので，投資案の収益性を評価するものではない。それにもかかわらず，このルールがよく用いられるのは，投下資本をできるだけ早く回収しようとする**安全志向**によるものと考えられる。

5　税引後キャッシュ・フローの測定

　投資案を採択するかどうかの決定は，それがもたらす将来の増分利益（経済的効果，benefit）が投資額（経済的価値犠牲，cost）を上回るか否かによって判定される。ただし，増分利益は発生主義会計の下で測定される収益マイナス費用によってではなく，投資した場合に発生し，投資しない場合には回避される増分現金収入と増分現金支出の差（キャッシュ・フロー）として定義されることは，前述したとおりである。

　第2章でみたように，キャッシュ・フローと会計上の増分利益は一致しない。両者を乖離させる主たる要因は，**減価償却費**と**法人税**である。投資資産の毎年の減価償却費は，会計上の費用を構成するが，現金支出をともなわないから，キャッシュ・フローには含まれない。

　他方，利益に対して課される法人税は，現金流出をともなうが，会計上の費用には含まれない。

　このため，発生主義会計で測定される増分収益と増分費用から税引後キャッシュ・フローを求めるには，減価償却費と税効果の調整が必要となる。資産の売却などがなく，収益が現金流入額に一致し，減価償却費以外のすべての費用が税引前現金流出額に一致すると仮定すると，両者を調整する計算式は，つぎのようになる。

税引後キャッシュ・フロー＝税引前キャッシュ・フロー－法人税等
　　　　　　　　　　　＝収益－減価償却費以外の費用－法人税等
ただし，法人税等＝税率×（税引前キャッシュ・フロー－減価償却費）

例　取替投資の是非の検討

当社は，5年前に5,000万円で購入した機械を使用している。この機械は耐用年数10年，残存価額を取得価額の10％とする定額法で減価償却されている。当社は目下この取替の是非を検討している。新機械の購入価額は7,500万円，経済命数は5年，5年後の処分価額は750万円と予想される。現有機械と比較して，新機械は毎年の操業費を1,700万円節約する。現有機械は現在2,000万円の処分価額をもっている。新機械も同一の減価償却法を採用する。税率を40％，資本コストを10％とするとき，現在価値法によってこの取替投資の是非を判断せよ。

　旧機械の毎期の減価償却費：$(5{,}000-500) \div 10 = 450$（単位：万円，以下同じ）
　旧機械の現在の帳簿価額　：$5{,}000-(450 \times 5) = 2{,}750$
　旧機械売却損　　　　　　：$2{,}750-2{,}000 = 750$
　新機械の毎期の減価償却費：$(7{,}500-750) \div 5 = 1{,}350$
　新機械の5年後の帳簿価額：$7{,}500-(1{,}350 \times 5) = 750$
　5年後の機械処分損益　　：$750-750 = 0$
　新機械正味投資額　　　　：$7{,}500-2{,}000 = 5{,}500$
　第1年度増分税引前利益　：$1{,}700-900$（減価償却費の増分）-750（売却損）$=50$
　　　増分税額　　　　　　：$50 \times 0.4 = 20$
　　　増分税引後利益　　　：$50-20 = 30$
　　　税引後キャッシュ・フロー：$1{,}700-20 = 1{,}680$
　　　（別解：増分税引後利益30＋減価償却費増分900＋売却損750）
　第2～4年度増分税引前利益：$1{,}700-900$（減価償却費の増分）$=800$
　　　増分税額　　　　　　：$800 \times 0.4 = 320$
　　　増分税引後利益　　　：$800-320 = 480$

> 税引後キャッシュ・フロー：1,700－320＝1,380
> 　　　（別解：増分税引後利益480＋減価償却費増分900）
> 第5年度税引後キャッシュ・フロー：1,380＋750（機械処分価額）＝2,130
> キャッシュ・フローの現在価値：1,680×0.909＋1,380×(3.170－0.909)
> 　　　　　　　　　　　　　＋2,130×0.621＝5,969.7
> 正味現在価値　　　　　　：5,969.7－5,500＝469.7
> $NPV>0$ になるので，この取替投資案は実行に値する
> （$IRR=13.2\%>10\%$）。

6 不確実性下の投資決定

これまでの論議は，すべての将来キャッシュ・フローは，誤りなく予測できるという前提のもとで展開された。つまり，**確実性下の投資決定問題**が扱われてきたわけである。しかし，現実には，将来キャッシュ・フローを確実に予測できるケースは，むしろまれであろう。そこで，ここでは，将来キャッシュ・フローが確率的にしか予測できない場合には，これまでの決定ルールにどのような修正が必要になるかを論じることにしよう。

いま，900万円を支出して1年後にキャッシュ・フロー R_1 が，それぞれ，等しい確率（0.5）で600万円か1,400万円のいずれかになる投資案Aを実行するかいなかを検討しているとしよう。投資案Aの期待キャッシュ・フローは，

$$E(R_1)=0.5(600)+0.5(1,400)=1,000\text{（万円）}$$

となる。

この投資案の正味現在価値は，いくらになるであろうか。これまで述べてきたように，それを求めるには割引計算が必要になるが，その際にどのような割引率を適用するかが問題となる。

割引率に関して，これまで，われわれは，「今日の1万円は明日の1万円よりも価値がある」という経験則に従って，時間価値のみを考慮してきた。しかし，確実なアウトフロー（$I=900$万円）に不確実なインフロー（$E(R_1)=1,000$万円）が対応するこの投資案Aのように，キャッシュの質（確実性ないしリスク）が異なる場合には，時間要因に加え，**リスク要因**を考慮することが必要になる。

　そのために，「安全な1万円は不確実な1万円よりも価値がある」という経験則にもとづいて，リスクの（負の）価値を考慮することにしよう。この考え方に従えば，キャッシュ・フローの期待値が同じであっても，リスクが大きくなるほど，適用する割引率は高くなることがわかる。リスクが大きくなるほど，それを補償するために，より大きな利益率が要求されるからである。

　意思決定者にとって不確実なキャッシュ・フローと同じ満足（効用）をもたらす確実なキャッシュ・フローを**確実性等価**（certainty equivalent: CE）という。意思決定者がリスクに無関心（リスク中立）である場合には，将来キャッシュ・フローRの期待値$E(R)$と確実性等価$CE(R)$は一致するが，リスクを嫌悪する場合，$CE(R)<E(R)$となる。また，リスクを嫌悪する度合いが強まるほど，両者の差は拡大し，$CE(R)$は小さくなる。

　ここで，投資案Aの期待キャッシュ・フロー1,000万円に対する意思決定の確実性等価を958万円，また，確実なキャッシュ・フローに対する割引率r_F（これを無リスク利子率ないしリスクフリーレートという）を5％と仮定しよう。そうすると，期待値と確実性等価の関係は現在価値に置き換えると，次式に表される。

$$E(R_1) \div (1+r_A) = CE(R_1) \div (1+r_F)$$
$$1,000 \div (1+r_A) = 958 \div (1+0.05)$$

　これをr_Aについて解くと，$r_A=9.6\%$となる。このように，$CE(R_1)$

$< E(R_1)$ という関係は，割引率で表すと，$r_A > r_F$ という関係に置きかわる。この割引率 r_A を**リスク調整割引率**（risk adjusted rate）という。2つの割引率の関係は，一般につぎのように表される。

$$r_A = r_F + リスクプレミアム \tag{13.5}$$

本例では，9.6％＝5％＋4.6％になるので，リスクプレミアムは4.6％になる。リスク調整割引率が判明したので，投資案 A の正味現在価値は次式になる。

$$NPV = E(R_1) \div (1+r_A) - I \tag{13.6}$$
$$= 1,000 \div (1+0.096) - 900 = 912.4 - 900 = 12.4 （万円）$$

期待キャッシュ・フローの現在価値（912.4万円）は「確実」な金額に修正されているので，確実な支出 I と比較可能になっていることに注意しよう。NPV が正になっているので，投資案 A は採択に値すると判断される。(13.6) 式は，一般式ではつぎのように表される。

$$NPV = \sum \frac{E(R_t)}{(1+r_A)^t} - I \tag{13.7}$$

キャッシュ・フローの不確実性を割引率で調整するこの方法を「リスク調整割引率法」という。

投資案の正味現在価値は，確実性等価を用いて求めることもできる。この方法を**確実性等価法**という。その場合は，リスクがすでに除去されているから，割引率は r_F でなければならない。したがって，次式が成立する。

$$NPV = E(R_1) \div (1+r_F) - I$$
$$= 958 \div (1+0.05) - 900 = 912.4 - 900 = 12.4 （万円） \tag{13.8}$$

上式を一般化すると，次式に表される。

$$NPV = \sum \frac{CE(R_t)}{(1+r_F)^t} - I$$

リスクの大きさが意思決定に及ぼす影響を明らかにするために，もう

ひとつの投資案を考えよう。投資案Bは，1年後のキャッシュ・フロー R_1 が，等しい確率で，ゼロ円か，2,000万円になるという点を除いて，投資案Aとまったく同じであるとすると，この投資案はどのように評価されるであろうか。

その期待キャッシュ $E(R_1)$ は1,000万円（＝0.5(0)＋0.5(2,000)）になり，投資案Aと同一であるが，リスクがいちじるしく大きくなるため，確実性等価は投資案Aよりも小さくなる。その事実を反映して，$CE(R_1)=500$万円とすると，リスク調整割引率 r_A は，次式より，110％になる。

$$\frac{1,000}{1+r_A} = \frac{500}{1+0.05}$$

したがって，投資案BのNPVは，リスク調整割引率法によると，

$$NPV = \frac{1,000}{1+1.1} - 900 = -423.8 \text{（万円）}$$

となる一方，確実性等価法による場合は，次式になる。

$$NPV = \frac{500}{1+0.05} - 900 = -423.8 \text{（万円）}$$

NPVが負になるから，棄却すべきと判断される。キャッシュ・フローの期待値は同じであっても，リスク（キャッシュ・フロー R の変動性）が高すぎるためである。

最後に，投資案のリスクの大きさは，キャッシュ・フローの分散 $\sigma^2(R_1)$（$=E(R_1-E(R_1))^2$），ないし，標準偏差 $\sigma(R_1)$ によって測定されることを付言しておこう。

投資案A：$\sigma^2(R_1) = 0.5(6,000,000-10,000,000)^2 + 0.5(14,000,000-10,000,000)^2$

$= 16 \times 10^{12}$

$\sigma(R_1) = \sqrt{16 \times 10^{12}} = 4,000,000$

投資案 B： $\sigma^2(R_1) = 0.5(0-10,000,000)^2 + 0.5(20,000,000-$
$\qquad\qquad\qquad 10,000,000)^2$
$\qquad\qquad\quad = 10^{14}$
$\qquad \sigma(R_1) = \sqrt{10^{14}} = 10,000,000$

《参 考 文 献》

大塚宗春・辻正雄『管理会計の基礎』税務経理協会，1999年
佐藤紘光・齋藤正章『管理会計』放送大学教育振興会，2003年

《いっそう学習（や研究）をすすめるために》

石塚博司共著『意思決定の財務情報分析　第9版』国元書房，2003年
　名著の復刊。第2章に投資決定に関するより詳しい議論がある。

《レビュー・アンド・トライ・クエスチョンズ》

① 投資意思決定をするのに，会計利益ではなくキャッシュフローを用いるのはなぜか論じなさい。
② 投資案を評価するのに，現在価値法と内部利益率法では同じ結論が出る場合と出ない場合とがある。それはなぜか論じなさい。
③ A社は，省力化の工作機械を購入するかどうかを検討している。購入金額は3億円であるが，今後，5年間にわたって，毎年，7.8千万円の人件費が節約できると予測される。この機械の耐用年数は5年であり，購入した場合，残存価値を3千万円（取得価額の1割）とする定額法償却を行なう。なお，5年度末にこの機械を3千万円で売却する予定である。A社の資本コストは10%である。
（問1）税率を40%とすると，この投資案を実行した場合，毎年の税引後利益はいくら増加するか。
（問2）この投資案の正味現在価値はいくらになるか。
（問3）この投資案の内部利益率は何%になるか。
（問4）この取替投資の是非を論じなさい。

第 14 章

ビジネス・ファイナンスのトピックス

本章のねらい

　ビジネス・ファイナンスの環境も，目まぐるしく変化してきている。

　この最終章では，それらの変化のなかでも，最近とくに注目を受けているトピックスを検討する。本章を学習すると，以下のことが理解できるようになる。

① ストックオプション
② ベンチャーキャピタル
③ M＆A（企業合併・買収）
④ 配当政策

1 ストックオプション

ストックオプションの意味

　第10章の「デリバティブ」において，オプションの意義についてふれた。オプションには，買う権利であるコールと，売る権利であるプットがある。ここでいうストックオプションは，**株式購入選択権**と訳されることからもわかるように，株式を特定の期間内に予め定められた価額で購入する権利で，株式についてのコール・オプションのことである。

　たとえば，1株1,000円で10,000株購入できるストックオプションを取得した者は，株価がかりに1,200円に上昇したときに，権利を行使すると1株1,000円で購入し，これを1,200円で売却すれば，2,000,000円（200×10,000）の利益を得ることができる。ただし，株価が権利行使期間に1,000円を上回ることがなければ，この権利は単なる紙屑になってしまう。したがって，このストックオプションを得た者は，株価が1,000円を上回るように動機づけられることになる。

　ストックオプションはアメリカで盛んに行なわれ，経営者に対して付与されることが多かった。株式会社の所有者である株主の目的は，企業価値を最大化することである。株主にとっての企業価値の最大化は，自己資本価値，すなわち株価の最大化によって達成される。

　所有と経営の分離が徹底している株式会社では，株主は企業価値・株価の最大化を遂行するよう経営者に求めることになる。委託者と受託者の関係にある株主と経営者においては，「**情報の非対称性**」が存在する。いいかえると，会社の経営者は会社の業績などについて十分な情報を有しているが，株主はごく限られた情報しか有していないということである。

そこで，株主は彼らの目的である企業価値・株価の最大化を経営者に求めても，経営者はそれを実行する保証はない。なぜなら，実行しているかどうかの情報は経営者側の手のなかにあるからである。そこで，経営者に株主の目的にしたがった行動をとるように動機づける仕組みが必要となる。そのひとつとして，ストックオプションが用いられた。

経営者にストックオプションを付与することにより，経営者に企業価値・株価を最大にしようとする動機づけを与えられる。株価が上がれば，経営者も儲かるという仕組みであるからである。ストックオプションは，もともとは経営者に株主と同じ目的をもたせようとして考えられたインセンティブ・システムである。

このようなストックオプションはつぎのようないろいろな活用の方法が考えられる（神田秀樹・武井一浩『新しい株式制度』有斐閣，pp.201〜202.）。

① 将来，新規株式公開を目指す**ベンチャー企業**において，社外の研究者や株式公開をサポートする弁護士，会計士，コンサルタントなどに対して，現金報酬を補完するものとしてストックオプションを付与する。

② 融資を受ける際に貸主にストックオプションを付与することにより，融資の条件を有利にするなど，資金調達の便宜を図る。

③ 将来的に提携関係を強化する手段として，資本・業務提携先から新株予約権を取得する。

④ 一定の持株比率（たとえば，議決権の3分の1超）を確保することが重要な資本参加において，資本参加先が潜在株式を発行している場合に，将来，持株比率が希薄化するのを防止するため，従前利用されてきた転換社債などの発行に代えて，潜在株式に相当するストックオプションを取得する。

⑤ 敵対的買収に対する防衛策として活用する。

わが国におけるストックオプション制度

　ストックオプション制度は，平成９年の商法改正によりわが国にも導入された。この制度は，取締役・使用人に対して，一定の期間，予め定められた価額で会社の株式を取得するオプションを付与するものであり，自己株式方式と新株引受権方式によるストックオプションがあった。
　平成13年６月の商法改正で，自己株式方式によるストックオプションの規定が削除された。そして，平成13年11月の商法改正でストックオプション制度を「**新株予約権**」という規定に集約し，規制の大幅緩和がなされた。
　新株予約権制度が，改正前のストックオプション制度と相違する主な点は，つぎのとおりである。
① 　改正前のストックオプションの付与対象者は，取締役または使用人に限定されていたが，改正後の新株予約権の付与対象者は，とくに限定されない。
② 　改正前のストックオプションの付与には，正当な理由が必要とされたが，改正後の新株予約権では正当な理由は法定の要件から外された。
③ 　改正前のストックオプションでは，ストックオプションの目的である株式の総数は，発行済み株式総数の10分の１を超えることができなかったが，新株予約権については，このような付与対象株式数に関する上限の規制は設けられていない。
④ 　改正前のストックオプションでは，権利行使期間は，総会決議から10年を超えることができないと規定されていたが，新株予約権制度のもとではそのような制限はない。
⑤ 　改正前のストックオプションは譲渡することが認められていなかったが，新株予約権は譲渡可能な権利である。

ストックオプションのディスクロージャー

　取締役や使用人などがストックオプションを行使すれば，付与会社は発行時の時価を下回る価額によって新株を発行するか，または会社が保有する自己株式を売却しなければならない。発行時の時価と発行価額の差額は，株主にとって株式の希薄化または，会社利益の減少となるので，その情報を開示することが必要である。商法上および証券取引法上の開示要求は，つぎのとおりである。

　①　商法上の開示

　商法施行規則では営業報告書において，新株予約権に関する事項と自己株式に関する事項を分けて記載することを要求している。

　新株予約権は，つぎの区分に応じ，それぞれに定められた事項を記載する。

- (イ)　現に発行している新株予約権：新株予約権の数，目的となる株式の種類および数ならびに発行価額
- (ロ)　その営業年度中に株主以外の者に対し特に有利な条件で発行した新株予約権：割当てを受けた者の氏名または名称ならびにその者が割当てを受けた新株予約権の数，目的となる株式の種類および数，発行価額，行使の条件，消却の事由および条件ならびに有利な条件の内容
- (ハ)　その営業年度中に計算書類作成会社またはその子会社の使用人に対し特に有利な条件で発行した新株予約権：割当てを受けた新株予約権の目的となる株式の数の上位10名以上の特定使用人についての(ロ)に定める事項

　また，営業年度中に取得した自己株式の種類，数，取得価額の総額および特定の者から買い受けたときはその売主，その営業年度中に処分または株式失効の手続きをした自己株式の種類，数，および処分価額の総

額ならびに決算期において保有する自己株式の種類および数を記載する。

取締役に対する新株予約権の付与契約は会社と取締役との間の取引に該当するため、その内容を付属明細書の「取締役、執行役、監査役または支配株主との間の取引および第三者との間の取引で計算書類作成会社と取締役、執行役若しくは監査役または支配株主との利益が相反するものの明細」に記載しなければならない。

② 証券取引法上の開示

有価証券報告書では、「第4提出会社　１株式等の状況」のなかで新株予約権などの状況を記載する。

取締役、使用人に対しとくに有利な条件で新株予約権証券を付与する決議がされている場合には、当該決議にかかる決議年月日、付与対象者の区分および対象者数を決議ごとに記載する。また、当該決議により新株予約権証券を付与する、または付与している場合には、新株予約権の目的となる株式の種類および株式数ならびに新株予約権の行使時の払込金額、行使期間、行使の条件および譲渡に関する事項を記載する。

② ベンチャーキャピタル

ベンチャー企業とベンチャーキャピタル

総務省の「事業所・企業統計調査」により、わが国企業（非１次産業）の**開業率**と**廃業率**の推移をみると、1960年代以降開業率が廃業率を上回り、新規開業企業が増加する状態が続いていた。しかし、1989年以降、開業率が廃業率を下回る水準になった。雇用を拡大し、経済の活力を創出するためには新規開業を強力に推進することが不可欠である。

ところで、新規開業する場合のネックとなるのは何かといえば、それは資金である。新規開業を目指す創業者が、開業に必要な資金を、自己

資金でまかなえるということはまれである。開業に必要な資金が不足している場合（これが通例）には，他の資金源を探さなければならない。

親戚知人からの資金援助といっても，限度がある。そこで，資金額が十分でない場合には，金融機関に借り入れを求めることになる。開業融資に前向きな一部の政府系金融機関を除くと，多くの金融機関は融資に消極的である。

金融機関が新規開業企業に対する融資に消極的である理由を考えてみると，つぎのようなことが考えられる。

① 実績が乏しい新規開業企業の成長性を判断するための審査能力をつけるには時間とコストが必要であるが，それを負担する能力がない。
② 融資先が不当にリスクを取るような行動をしないかどうかを監視（モニター）することが必要になるが，そのためのコストを負担することはできない。
③ そこで金融機関は物的担保を融資先に要求するが，新規開業企業ではこれに応えることができない。

このように金融機関は新規開業企業をはじめとする**アーリーステージ**（初期段階）の企業に対して，融資をするのには慎重である。そのため，開業をし成長の可能性を秘めてはいるが，物的担保がないがゆえに，資金不足に陥る企業も少なくない。

ベンチャー（企業）というのは，冒険（的企業）という意味の英語であることからもわかるように，成長の可能性を秘めている企業である。しかし，それはあくまでも可能性であって，失敗する可能性も同様に秘めているわけである。失敗する可能性があるからといって，成長する可能性を同様に秘めている企業に対して必要な資金が提供されることがなければ，第2のソニーやホンダは生まれない。

ベンチャー企業に対する資金提供がなんらかのかたちで行なわれる必

要がある。**ベンチャーキャピタル**とは，ベンチャー企業に対し投資することを目的に設定された複数のベンチャーキャピタル・ファンドを運用する企業である。**ベンチャーキャピタリスト**は，その運用を担当する専門家である。

ベンチャーキャピタルの仕組み

ベンチャーキャピタルに資金を出資するのは，機関投資家やエンジェルとよばれる個人投資家である。ベンチャーキャピタルは，集められた資金をいくつかのベンチャー企業に出資する。

アメリカでは，ベンチャーキャピタリストが機関投資家から資金を集める際，みずからを無限責任組合員，投資家を有限責任組合員とする有限責任組合を設立する。この有限責任形態により，機関投資家は損失が出ても，税法上それを利用できるし，ベンチャーキャピタリストは，金銭的出資を行なわないにもかかわらず，実質的持分を取得することがで

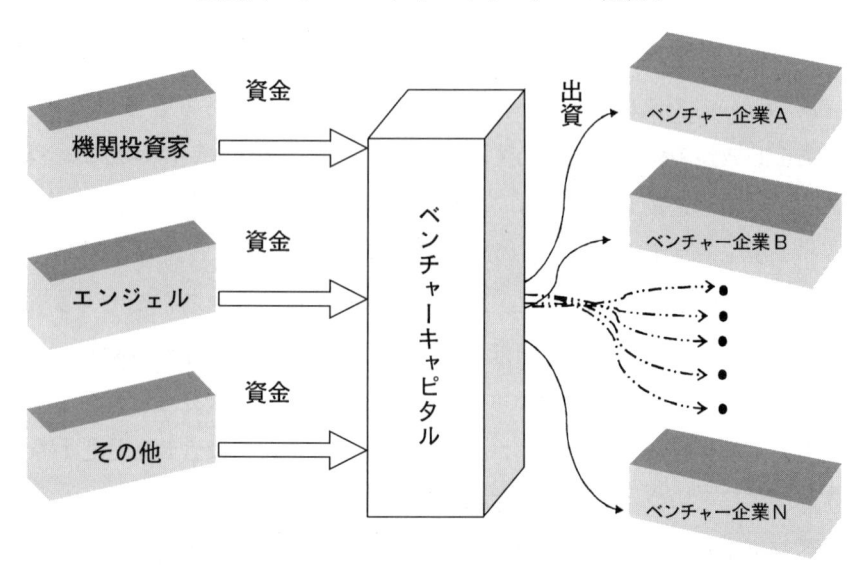

図表14－1　ベンチャーキャピタルの仕組み

きることになる。

　日本のベンチャーキャピタル・ファンドは，従来，民法上の組合契約によりなっていた。そして，この場合，組合員は，（分割）無限責任を負うことになる。年金基金などの機関投資家やエンジェルから資金を集めようとすれば，法律上投資家の有限責任が明確に規定される必要がある。責任を限定する方法としては，**商法上の匿名組合**とすることが考えられる。

　しかし，匿名組合員の数が，10名以上になると営業者からの配当に源泉課税されるため，多数の投資家から出資を仰ぐことはむずかしい。平成10年5月，アメリカのリミテッド・パートナーシップを範として，「中小企業等投資事業有限責任組合契約に関する法律」が成立し，ベンチャーキャピタル・ファンドに有限責任組合形態を利用することが可能となった。

　ベンチャーキャピタルが，ベンチャー企業に投資した資金を回収する方法（しばしば**出口戦略**とよばれている）としては，①株式公開を行い，株式を売却して投資を回収する方法，②買収・合併により，株式を現金や他社株と交換することにより投資を回収する方法，③他の株式保有者へ株式を売却，④第三者へ株式を売却して投資を回収する方法，⑤会社の清算・償却により投資を回収する方法，などがある。

　このうちリターンの大きな回収のほとんどは，①と②に集中している。①は IPO (Initial Public Offering) とよばれている。また，②は M&A (Merger & Acquisition)，つまり企業を売却，買収あるいは合併することである。株式公開により得られた利益は，創業・経営革新の初期段階（アーリーステージ）から参加した人びとに分配される。

　ベンチャーキャピタルのベンチャー企業への投資形態は，株式による出資になる。しかし，ベンチャー企業に投資して10年も20年もしてから株式公開されるのを待つわけではなく，できるだけ短期間に新規公開でき

るような可能性を秘めているベンチャー企業に対して投資するのである。

ベンチャーキャピタルは，ベンチャー企業ができるだけ早期に公開できるようにするため，出資先の経営に深く関与する場合をハンズオン型投資という。**ハンズオン型投資**は，アメリカでは多くみられるようであるが，わが国では少ない。

ベンチャー企業が新規公開するためには，それを可能とするような新規公開市場が整備されていなければならない。わが国では，平成10年12月に施行された**金融システム改革法**により，① 証券取引所設置の要件緩和，② 証券取引所が2以上の有価証券市場を開設することを認める，③ 証券業協会が開設する店頭公開市場も有価証券市場と定義する，など，直接金融市場間の競争を促進してきた。それとともに，④ 委託手数料の自由化，⑤ 金融商品の多様化など，わが国の直接金融市場は，一変した。

これを受けて，平成11年11月，東京証券取引所は，新興企業市場「マザーズ」を創設し，平成12年にはナスダックジャパン市場が開設された。ナスダックジャパン市場は，平成14年12月より，ニッポン・ニュー・マーケット「**ヘラクレス**」に生まれ変わった。このように，ベンチャー企業の新規公開を可能とする市場が整備され，機動的な株式公開が可能となったのである。

わが国のベンチャーキャピタル

わが国のベンチャーキャピタルは，大手金融系ベンチャーキャピタル（例：ジャフコ），政府系ベンチャーキャピタル（例：東京中小企業投資育成），事業系ベンチャーキャピタル（例：ソフトバンク・インベストメント），独立系ベンチャーキャピタル（例：ワールドビューテクノロジーベンチャーキャピタル），外資系ベンチャーキャピタル（例：シュローダー・ベンチャーズ），インキュベーター系ベンチャーキャピタル（例：アクセン

チュア）に分けられる。

　このように，ベンチャーキャピタル業界が乱立状態になったのは，ITバブルが大きな要因であろう。平成11年後半から平成12年前半にかけてIT銘柄，とくにネット関連企業が株式市場で注目を集め，ITバブルの様相を呈していた。ベンチャーキャピタルは，大規模な投資ファンドを設定し，IT関連企業への投資活動を積極的に行なってきた。

　この頃から，ベンチャーキャピタル業界への参入が活発化した。それは，ベンチャーキャピタル業界への参入障壁が低くなったからである。これまでは，投資からの資金回収には5年以上かかるビジネスで資本力のない企業が始めることは困難であった。

　このため，大きな資本力をもつ**金融系ベンチャーキャピタル**が大多数を占めていた。しかし，新興企業市場の創設を契機として投資先のIPOまでの期間が短くなり，資本力の小さい企業でもベンチャーキャピタル事業を開始することができるようになったからである。

　ネットバブルがはじけ，デフレ経済下で高いリターンをあげることは，ベンチャーキャピタルにとって厳しい状況になりつつある。しかし，ベンチャー企業育成は，不況であればあるほど，重要になるといってよいであろう。

3　企業合併・買収

　企業は，法人格をもっており，自然人とは異なる性質をもっているが，お互いに似たところもある。たとえば，自然人も法人も，もともとは存在しなかったものが，誕生し，あるいは"設立"されて生ずる。そして，うまくいけば，どちらも，より大きく成長していくことが可能である。

　しかし，自然人の場合は，いずれは寿命がきて，必ず死んでいくのが定めになっている。それに対して，法人の場合は，さらにうまくやって

いければ，滅亡（"倒産"）させることなく，半永久的にその存続を続けられる。わが国内でも，たとえば京都や奈良には，経営が代々引き継がれて，数百年にもわたって暖簾(のれん)を誇っている企業（お店）も数多くみられる。

さらにまた，自然人の場合には，生まれてから死亡するまでの間に，「第2の人生」を迎える時がある。すなわち，ひとりの自然人と別のもうひとりの自然人とが結ばれる"結婚"という局面である。他方，法人の場合には，自然人の間での結婚に似ている方法が"**合併**（Merger：Mと略）"である。以下では，この"合併"と，"**買収**（Acquisition：Aと略）"とについて，それぞれのビジネス・ファイナンス上の意味あいを吟味してみよう。

企業合併・買収の動機

上で述べたたとえをもう一度用いると，……自然人が誕生し，成長していくにつれ，もう親元を離れてそろそろ"新世帯"を構えては，……ということで，"結婚"バナシが出てくるだろう。その時には，種族保存のため，（精神的・物質的に）より安定した生活のため，などさまざまな動機が考えられる。擬制的な人格をもっている企業の場合にも，合併・買収に際していくつかの動機があげられる。

大別すると，①規模拡大効果，②2重投資による無駄を排除するという効果，③シナジー（相乗）効果，④ビジネス・リスク低減効果，⑤節税効果，といったことをねらいとして，合併・買収が行なわれることが多い。①によって，「**規模の経済**（scale merit）」が図れると考えられるし，②「時間を買う」という言い方がよく用いられるように，（自社内部での成長・開発をまたず）**時間・エネルギーの節約**，さらにひいては金銭的なコスト面での節約も見込めよう。

さらに，③合併・買収前の各1社だけでは得られなかったような，「1

+1」が2以上にくわわってくるといった"相乗"効果も期待されよう。また、④単一ないし少数の製・商品ないし事業のみに依存することなく、「転ばぬ先の杖」のたとえに従って、製・商品ないし事業の多角化を目指すというものである。かつて、**"コングロマリット型"合併・買収**が盛んだったのは、そうした動機からであった。

そのほかに、⑤あえて赤字の（しかし、たとえばすぐれた技術・ノウハウなどをもっている）企業と合併ないし、それを買収することで、当面、"利益"の発生を抑制しつつ、**節税**を図るといったこともありえよう。ともあれ、そうしたねらいが結果的に功を奏すかいなかは別として、企業再編、生き残りの手法として、今後も用いられるであろう。

企業合併・買収の形態

一口に、企業合併あるいは買収といっても、時と場合によって、いくつかの形態で各手法が用いられる。以下の図表14－2のように整理した

図表14－2　M&Aの（所有・支配面からみた）形態別分類

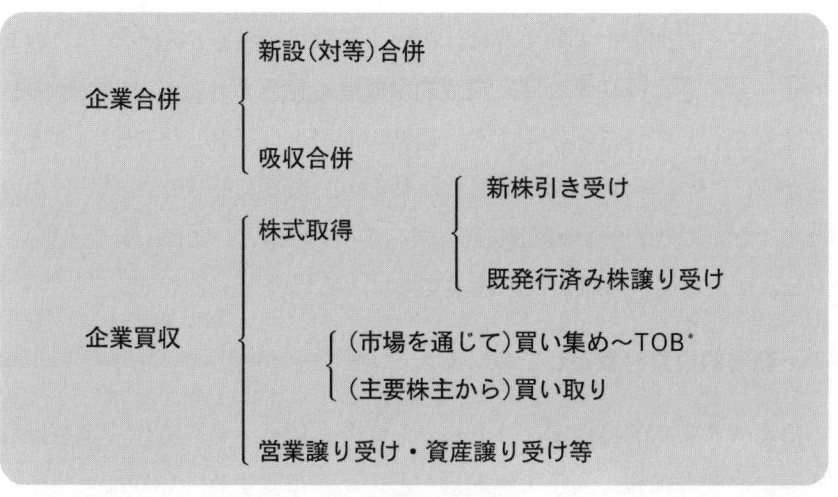

```
              ┌ 新設（対等）合併
    企業合併 ┤
              └ 吸収合併

                            ┌ 新株引き受け
              ┌ 株式取得 ┤
              │             └ 既発行済み株譲り受け
    企業買収 ┤
              │ ┌ （市場を通じて）買い集め～TOB*
              │ └ （主要株主から）買い取り
              │
              └ 営業譲り受け・資産譲り受け等
```

注）＊TOB：Takeover Bid の略で「株式公開買い付け」を意味する。
出所）北地達明・鳥野仁著『M&A入門』日経文庫、1999年、p.30を参考として、若干加筆

第14章　ビジネス・ファイナンスのトピックス

うえで，それぞれについて説明を加えていこう。

まず，企業合併は**新設合併**と**吸収合併**とに分けられる。新設合併とは，2つ以上の企業が結合して，新たにひとつの企業を設立する場合である。合併の際の，出資比率が1対1のとき"**対等**"合併とよばれる。また，ある企業が，他の企業を（さながら吸収するように）併合して，ひとつの企業として存続していく場合，"**吸収**"合併とよばれ，吸収された企業は消滅する。

企業合併は，合併する2社以上が，調達・生産・運送・販売・保管など，経営職能間の統合化を意図した場合には"**垂直型**"**合併**，異業種の会社間のそれであった場合には，"**水平型**"**合併**とよばれることもある。

つぎに，企業買収は，他社の株式を取得するか，あるいは，他社の営業・（工場・店舗・建物などの）**資産譲り受け**によっても行なわれる。一企業全体の買収のみならず，ある企業の一部分の買収も含めて考えられる。

また，企業合併・買収は，それほど日常的・頻繁に行なわれる取引ではなく，その取引に失敗すれば，その企業全体の将来が危うくなるおそれがあり，逆に成功すれば，飛躍的な成長も見込まれるので，"戦略的"な性格を有しているといえよう。通常の取引とはそれほどに異なるところから，"**ディール**(deal)"とよばれるのである。そうしたディールのうち，とくに企業全体の買収に際しての支払い手段としては，現金（キャッシュ）による場合のほかに，**株式交換**による場合もありうる。

戦略的投資対象としてのM＆A

M＆Aを戦略的投資案のひとつとしてみる場合，その意思決定を行なう際に必要な情報の入手・処理は，どのようにすすめていけばよいのか。以下では，その点に焦点を絞って述べていこう。まず，その情報収集・

図表14－3　M&Aの情報収集・処理～意思決定プロセス

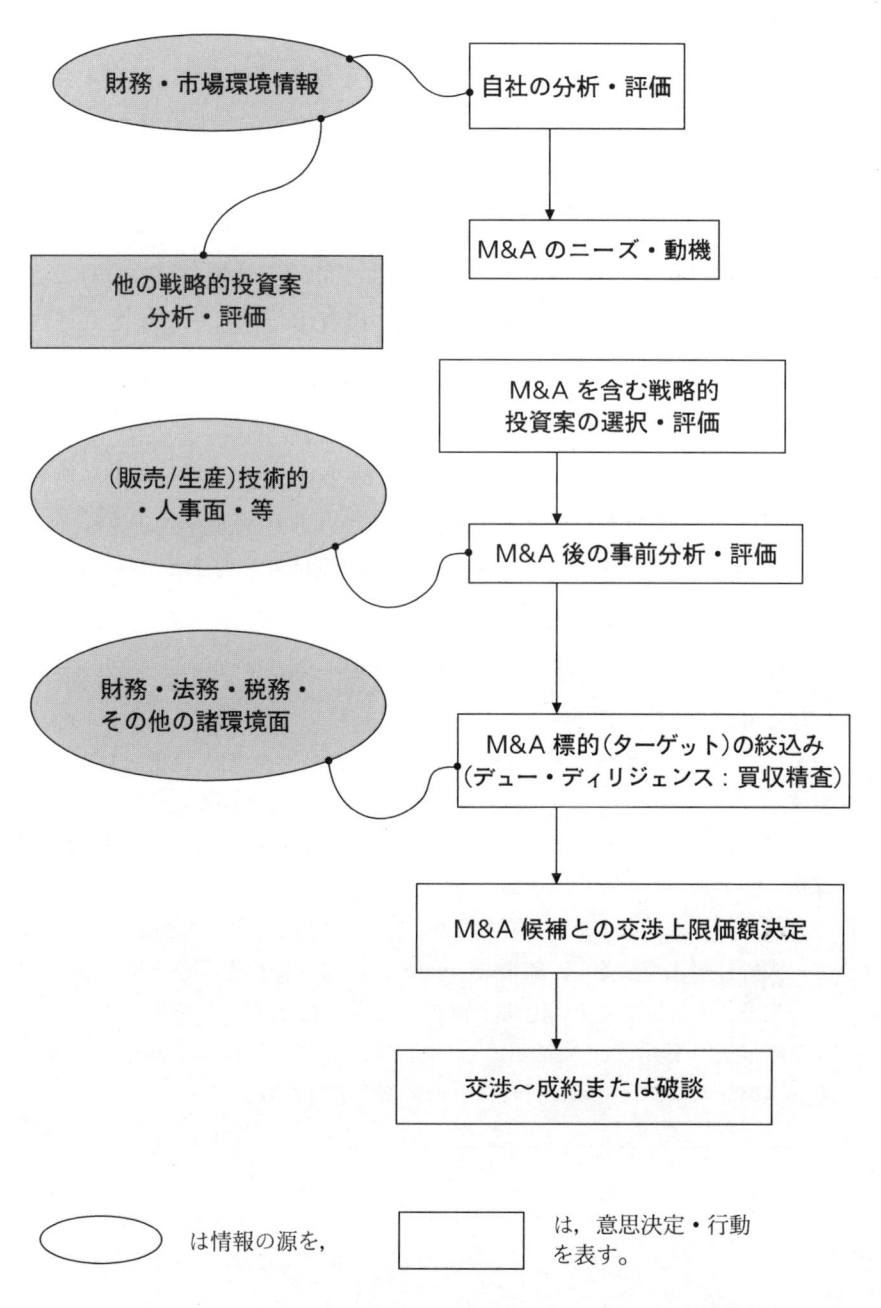

```
┌─────────────────┐      ┌─────────────────┐
│ 財務・市場環境情報 │─────▶│  自社の分析・評価  │
└─────────────────┘      └─────────────────┘
         │                        │
         │                        ▼
         │               ┌─────────────────┐
         │               │ M&Aのニーズ・動機 │
         │               └─────────────────┘
         ▼
┌─────────────────┐
│  他の戦略的投資案  │
│    分析・評価     │
└─────────────────┘
                         ┌─────────────────┐
                         │  M&Aを含む戦略的  │
                         │  投資案の選択・評価 │
                         └─────────────────┘
┌─────────────────┐               │
│ (販売/生産)技術的  │               ▼
│  ・人事面・等     │─────▶┌─────────────────┐
└─────────────────┘      │ M&A後の事前分析・評価│
                         └─────────────────┘
                                  │
┌─────────────────┐               ▼
│ 財務・法務・税務・  │      ┌──────────────────────┐
│ その他の諸環境面   │─────▶│ M&A標的(ターゲット)の絞込み │
└─────────────────┘      │(デュー・ディリジェンス：買収精査)│
                         └──────────────────────┘
                                  │
                                  ▼
                         ┌──────────────────────┐
                         │ M&A候補との交渉上限価額決定 │
                         └──────────────────────┘
                                  │
                                  ▼
                         ┌─────────────────┐
                         │ 交渉～成約または破談 │
                         └─────────────────┘
```

◯　は情報の源を，　　□　は，意思決定・行動を表す。

第14章　ビジネス・ファイナンスのトピックス　*237*

処理から最終的なＭ＆Ａの決定に至るまでのプロセスを，図表14－3に，概略して示しておく。

この図表でも示したように，Ｍ＆Ａの決定にあたっては，財務・会計情報は，その他（市場・技術・人事など）の情報とも，あわせて考慮されて分析・評価される。決して，財務・会計情報のみで，最終的に決定が可能となるわけではない。けれども，重要な情報源のひとつであることに違いはない。したがって，そこではより的確な評価が求められる。

この評価に当たっては，他の（戦略的）投資案の評価と同様に，そのＭ＆Ａという投資案から，タイム・ホライズン（資金回収の許容限界時点）までの間に得られるであろう"キャッシュ・フロー"を適切な資本コストで割り引いて（"ＤＣＦ法"によって），"Ｍ＆Ａ"（企業）価値が求められる。とりわけ，その評価にあたっては，タイム・ホライズンの長さ（年数）と，キャッシュ・フロー額の見積り，資本コストの高さが，重要なパラメータとなるのである。

Ｍ＆Ａのあとは，Ｄ！？

Ｍ＆Ａは，企業の場合は，Merger & Acquisition の略で，合併・買収の意味。

同じＭ＆Ａでも，自然人の場合は，Marriage & Adventure の略で，**結婚・浮気**（アヴァンチュール）の意味，とブラック・ユーモアでいわれる。……では，そのあとはいったいどうなるか。結婚しても，浮気が発覚したりして，夫婦仲が悪くなると，離婚（Divorce）となってしまうのと同じように，Ｍ＆Ａも失敗すると，合併・買収して得た会社・資産をやがては，（部分）売却・処分（Divestiture）する羽目にもなりかねない。くれぐれも，戦略的な決定は慎重に行なって頂きたいものである。

4 配当政策

　第11章でみたように,企業における内部資金の主たる源泉は,**留保利益**である。ところで,この留保利益の額は,企業が事業活動を通じて稼得した利益をどの程度配当として社外に分配し,どの程度内部留保させるかという**配当政策**の問題に帰着する。すなわち,配当政策は,それ自体が資金調達手段としての側面をもっている。

　また,第8章でみたように,配当はインカムゲインとして株主が得るリターンの重要な構成要素でもある。したがって,配当政策の問題は,企業の資金調達に関する側面と株主に対する利益分配の側面という,2つの面から考察することが必要となる。そして,それらの側面を通じて配当政策は企業価値に影響を与えるのか,また与えるとしたらどのような配当政策が最適であるのかということが,配当政策をめぐる主たる問題となる。

　本節では,配当政策に関する基礎理論ともいうべき**ミラー**と**モジリアーニ**による配当政策論(Miller, M.H.and F.Modigliani [1961]:以下,MMと記す)について考察しながら,配当政策に関する諸問題を明らかにしたい。

MMによる配当政策論

　MMによる配当政策論は,企業価値に対する投資政策による影響と配当政策による影響とを明確に区別しながら,**完全資本市場**を前提として配当政策が**企業価値**に無関連であること示している。つまり,完全資本市場のもとでは,見せ掛けの増配といったものによって,企業価値が影響を受けることはなく,それが保有する資産の収益性と投資政策によってのみ決定されるというのである。

ところで，配当政策が企業価値と無関連であるとは，どのようなことを意味するのか。MMによる説明は，つぎのとおりである。当期における配当の増加は企業価値にプラスの影響を与えるものの，配当の増加によって次期の投資に必要とされる資金が不足する。

　したがって，投資政策を維持するためには，当該不足分だけ新規に株式を発行しなければならない。この新株発行による企業価値への影響は，マイナスに作用する。すなわち，配当政策の変更による**配当利得**（Income Gain：インカムゲイン）の増加は，それと同額の**資本損失**（Capital Loss：キャピタルロス）を株主にもたらし，配当利得の効果を相殺してしまうのである。また逆に配当利得の減少は，同額の**資本利得**（Capital Gain：キャピタルゲイン）をもたらし，その損失が埋め合わされるのである。

配当政策をめぐる諸問題

　配当政策が企業価値に中立であるとするMMの結論は，そのモデルが前提とする仮定によってもたらされたものである。第12章の資本構成に関する彼らの議論でもそうであったように，彼らの理論は税制の存在しない完全資本市場を前提としている。しかしながら，現実には多くの国で，株主の手にするインカムゲインやキャピタルゲインに対して税金が課されている。さらに，現実の市場では**取引費用**や**情報の不完全性**なども存在する。

　税制や取引費用が存在するという状況の下では，株主にとって，もはやインカムゲインとキャピタルゲインとが無差別であるとはいえない。また，情報の不完全性は，投資政策が所与とされる彼らの仮定を成り立たせないものにする。配当政策の違いが経営者の投資政策に影響を与えるのであれば，それは，最終的に企業価値にも影響を及ぼすであろう。

　以下では，配当政策に対する税制による影響と不完全情報による影響について考察する。

① 税制による影響

インカムゲインやキャピタルゲインに税金が課される場合，企業の配当政策は企業価値に影響を与えるであろうか。一見すると，インカムゲインとキャピタルゲインとに対して異なる税率が課される場合には，税率が低い利得を投資家に与えるような配当政策が望ましいと考えられる。

しかしながら，現実にはさまざまな投資家が存在し，所得税制や法人税制によってインカムゲインとキャピタルゲインのどちらにより高い税率が適用されるかは投資家によって異なる。このため，インカムゲインを望む投資家の需要はそれに適合した配当政策を採用する企業の株式によって満たされ，同様にキャピタルゲインを望む投資家の需要はそれに見合った配当政策を行なう企業の株式によって満たされることになる。

そして，均衡状態の下では，いかなる企業も配当政策を変更することで企業価値を高めることはできなくなってしまう。したがって，たとえインカムゲインとキャピタルゲインとに異なる税率が課されていようとも，税制は配当政策に対して中立となり，各企業の配当政策は企業価値に影響を与えないことになる。

② 不完全情報による影響

第12章でみたように，不完全情報の下では情報の非対称性から生じるさまざまな**エージェンシー問題**が発生する。企業の配当政策においても，それにからんで経営者と株主，債権者間，既存株主と新規株主間，株主と従業員間など多くの利害対立が発生する。

こうしたエージェンシー問題は，**逆選択**や**モラルハザード**（moral hazard）などを引き起こし，それにともなって企業価値の低下を招く可能性をもつ。したがって，企業は利害関係者間の利害対立を解消し，**エージェンシー・コスト**が最小になるような配当政策を考えなくてはならない。しかし，配当政策に関するエージェンシー問題には，配当を低める要因と配当を高める要因とが存在する。

たとえば，経営者と外部の資金提供者との間における情報非対称性の存在により，株価が正当に評価されず，増資が断念され，正の正味現在価値をもつ投資が行なわれないといった逆選択問題が発生することがある。このような場合には，増資に頼ることが既存株主の不利益をもたらすため，配当を抑え，投資に必要な資金を内部資金でまかなうことを，経営者は選択するであろう。

また，経営者による無駄な投資などモラルハザードの可能性が存在するときは，配当を高めることによって経営者が裁量的に使うことのできるキャッシュ・フローの大きさを制限するというようなことも考えられる。

このように配当政策をめぐるエージェンシー問題には，相互に相反する要因が存在する。そして，それらによるエージェンシー・コストは，**トレードオフ**の関係にあるため，現実の問題としては，全体としてのエージェンシー・コストが最小となるように，配当政策が決定されるものと考えられる。

配当と自己株式取得

1994年の商法改正において，従来わが国では原則的に禁止されてきた自己株式の取得が可能となった。企業が発行済みの自社株式を購入することは，企業の留保利益を減少させ株主に現金を手渡すことになるため，実質的に配当と同じ財務政策と考えられる。

それでは，両者の違いはどこにあるのだろうか。いま純資産価値が100億円，発行済み株式数1億株の企業があり，当該企業の株価が100円であったとする。この企業が10億円の現金配当を行なうと，純資産価値が90億円に減少するため，株価が90円に下落する（これを配当落ちという）。

しかし，自己株式を100円で1,000万株取得し償却する場合には，純資産とともに発行済み株式も減少するため，株価の下落は起こらない。ところで，配当が株主全体に行なわれるのに対して，自己株式取得はそれに応じ

た株主に対してのみ行なわれる。つまり，配当では株主全体の財産が株式から現金へと変化するのに対して，自己株式取得では株式のまま保有する株主も存在することになる。

この場合，自己株式の取得に際して，企業が株式を買い入れる価格によっては，買い戻しに応じた株主と応じなかった株主との間で富の移転が生じる。たとえば，先の例で企業が100円ではなく200円で1,000万株買い戻せば，純資産が80億円となり残された株式は89円に下落する。このように通常市場価格よりも高い価格で行なわれる自己株式の取得は，買い戻しに応じなかった株主から買い戻しに応じた株主へと富を移転したことになるのである。

ではなぜ，このような自己株式の取得が行なわれるのであろうか。この問いに対するひとつの説明として**シグナリング効果**とよばれるものがある。この考え方では，企業が自己株式の取得を行なうという発表は，現在の株価が自社の業績に見合った価値よりも低いと経営者が判断していることを示すメッセージであるとされる。

すなわち，経営者が既存株主の利益を優先すると仮定すれば，自社の企業価値よりも低い価格での買い入れが既存株主の利益になるため，自己株式の取得は現在の株価が安いというメッセージを伝えるのである。自己株式取得については，アメリカにおいて多くの実証研究が蓄積されているが，解禁となって日が浅いわが国では，まだそれほど多くの研究がなされていない。今後の研究が望まれる分野であるといえよう。

わが国における配当政策

配当政策には，毎期の利益額と資本支出額とによって純粋に影響を受ける**残余利益配当政策**のほかに**安定配当政策**がある。さらに，安定配当政策は，**配当平準化政策，配当性向（配当金／当期利益）安定政策，額面配当率（配当金／額面）安定政策**（2001年商法改正前）などに分けることできる。また，配当の形式としては，**現金配当**や**株式分割**などのほか**自己株式取得**などの形態が存在する。企業の配当政策は，これらの組み

図表14－4　当期利益，配当金，配当性向の推移

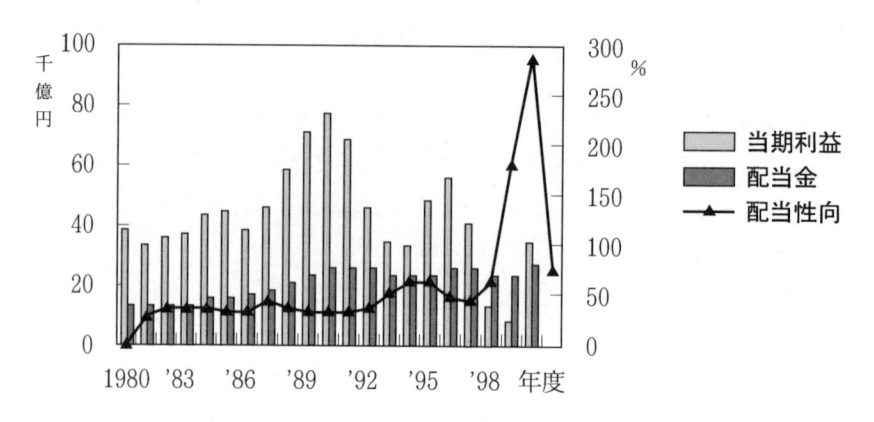

出所）全国証券取引所協会『平成12年度　企業業績及び配当の状況』より作成

　合わせであり，その選択は上述した要因が複雑に作用した結果であると考えられる。

　図表14－4は，わが国の製造業における当期利益，配当金，配当性向の推移を示したグラフである。これをみてわかるように，当期利益の額と配当性向が年度により大きく変動しているのに対して，配当金の額は非常に安定的であるといえる。グラフから，わが国では利益額に合わせて配当金を変動させるのではなく，1株当たり配当金を安定化させていることがわかる。

　その結果，配当性向は大きく変動することになる。こうしたことからわが国では一般に，多くの企業が額面配当率の安定化を図っていたことが読み取れる。しかし，近年における一連の商法改正は配当政策の多様化を促進し，こうした傾向も徐々に薄れてくるのではないかと予想される。

《参 考 文 献》

　　神田秀樹・武井一浩『新しい株式制度』有斐閣，2002年
　　中小企業庁編『中小企業白書　2000年版』

「特集ベンチャー企業をめぐる法的課題」『ジュリスト』1218号，2002年3月1日

国民生活金融公庫総合研究所編『起業活動を支える日本のエンジェル』中小企業リサーチセンター，2000年

北地達明・鳥野仁『M＆A入門』（日経文庫）日本経済新聞社，1999年

《いっそう学習（や研究）をすすめるために》

村松司叙・宮本順二朗『企業リストラクチャリングとM＆A』同文舘出版，1999年
　M＆Aのほか，いろいろなリストラクチャリングについても，説明・ケーススタディが豊富である。

花枝英樹『戦略的企業財務論』東洋経済新報社，2002年
　配当政策に関する理論的研究および金融技術革新が企業財務に与える影響などについて詳しい。

《レビュー・アンド・トライ・クエスチョンズ》

問題1　つぎの文章のうち，正しいものには［　］の中に○印を誤っていれば×印を記入し，その誤りの部分にアンダーライン（～～）をほどこして，その下に訂正語句を書き込みなさい。
　1）M＆Aとは，Marketing ＆ Acquisitionの略で，企業の合併・倒産を意味している。［　］
　2）$1+1=2+a（a＞0）$となるような，M＆Aの効果は，ブーメラン効果とよばれる。［　］
　3）水平的合併とは，同業他社間で行なわれる企業合併である。［　］
　4）M＆Aの意思決定にあたっては，それによって将来に得られる"付加価値"を資本コストで割り引かれた企業価値が求められる。［　］

問題2　A社は，500万円の現金による配当を考えている。同社の現在における一株当たり利益は2.5万円であり，現在の株価は25万円である。現金配当前の同社の時価ベースによる貸借対照表は以下のとおりである。

第14章　ビジネス・ファイナンスのトピックス

貸借対照表
（現金配当前, 時価ベース, 単位:万円）

現　金	500	負　債	500
その他資産	2,500	資　本	2,500
計	3,000	計	3,000

　現金配当後の A 社の株価はいくらになるか。MM 命題が成り立つものとして答えなさい。

索引

ARMAモデル 72
AVERAGE 113
CAPM 186
CORREL 113
COUNT 113
COVAR 113
DCF法 209
EBIT 56
EBITDA 74
EDINET 65
Enter 111
EVA（経済付加価値） 74
Excel 101
Excel形式 97
FCF 74
html形式 109
INTERCEPT 113
IR 39
JASDAQ 99
LARGE 113
LINEST関数 107
Lotus1-2-3形式 109
MAX 113
MEDIAN 113
Microsoft Excel 65
MIN 113
NPV 104
NPV関数の引数 103
PDF形式 110,111
ROI 69
RSQ 113
SLOPE 113
SMALL 113
SQRT 113
STDEVP 113
VARP 113
Word形式 110
World Wide Web 96
Yahoo!ファイナンス 99

あ 行

アウト・オブ・ザ・マネー 154
アクティブセル 111
アット・ザ・マネー 154
アメリカン・オプション 153
アーリーステージ 229
安全志向 215
安全資産 119
安全利子率 138,186
安定配当政策 243
意思決定のために必要とされる指標 68
一太郎形式 110
一定成長型ＤＤＭ 186
入るを量りて，出るを為す 34
イン・ザ・マネー 154
インカムゲイン 118,185
インサイダー取引 50
インタレスト・カバレッジ・レシオ 62
インプライド・ボラティリティ 159
インベストメント・センター 84,90
ウオールの指数法 71
売り 61
売上債権回転月数 59
売上高（営業）利益率 55
売上高利益率 69,91
永久債コンソル 28
営業活動からのキャッシュ・フロー 19
営業活動の期間 36
営業キャッシュフロー対流動負債比率 64
営業循環規準 43
営業利益 55
永続年金 210
エキゾチック・オプション 153
エージェンシー・コスト 202,241
エージェンシー問題 200,241
エンロン 50
追い証 150
大阪証券取引所 99
オーバードラフト（O／D） 177
オプション 148

か 行

開業融資 229
開業率 228
会計 34
会計制度 36
会計責任 37
開始貸借対照表 37
会社の計算 36
回収期間 214
外部資金通達 168
外部分析 51,80
買い 61
確実性下の投資決定問題 217
確実性等価 218
確実性等価法 219

247

格付け　176
格付投資情報センター（R&I）　75
額面株式　171
額面配当率（配当金／額面）安定政策　243
貸方　41
貸付ポートフォリオ　139
加重平均資本コスト　80,187
過小投資問題　202
価値的または貨幣的生産性　59
勝手格付け　76
合併　234
合併貸借対照表　38
株価収益率　61
株価純資産倍率　61
株価スワップ　160
株価総覧　101
株価データ　134
株券　170
株式　168,170
株式会社　3
株式価値　11
株式交換　236
株式購入選択権　224
株式投資　118
株式分割　173,243
株式持合い　170
株主総会　170
株主の地位　3
株主の富の最大化　11
株主優遇　61
株主割当増資　172
借入　168
借入ポートフォリオ　139
借方　41
勘定あって銭足らず　19
勘定式（T字型）　41
関数　112
間接金融　169
完全資本市場　192,239
元本　21
カンマ区切り形式　109
"管理会計"データ　41
管理可能性原則　85
管理可能費　85
管理不能費　85
機会原価　29
機会費用　182
期間問題　92
企業価値　239
　　——の最大化　189
企業間信用　169,178
企業財務　2
企業の目的　8
企業評価　68

企業評価モデル　73
議決権　170
議決権制限株式　171
危険資産　119
起債　174
期待収益率　119
希薄化　172
規模の経済　234
逆選択　200,241
キャッシュ・アウトフロー　18
キャッシュ・インフロー　18
キャッシュ・フロー計算書　19
キャップ　153
キャピタルゲイン　118,185
キャピタルロス　118
吸収　236
吸収合併　236
共益権　170
共分散　126
切捨率　182
銀行家比率　54,69
金融　2
『金融　データ　CD-ROM』　101
金融技術革新　168
金融系ベンチャーキャピタル　233
金融システム改革法　232
金融自由化　168
金融論　2
金利スワップ　160
空白区切りの形式　109
クーポン・スワップ　163
組入れ比率　105
グラフ　113
黒字倒産　19
経営財務　2
経営比較　51
経営分析　51
計画プロセス　7
経済産業省　97
経済統計月報　100
経済統計年鑑　100
経済付加価値　93
経済命数　209
計算書類規則　53
経理不正事件　50
系列　115
決算　36
限界利益　88
減価償却（費）　169,178,215
原価低減の目標　85
現金の流列（キャッシュ・フロー）　11
現金配当　243
権限委譲　83
現在価値　9,22

現在価値法　209,212
原資産　148
源泉別資本コスト　29
権利行使日　152
効果的　50
貢献　60
交叉分析　70
行使価格　152
合成の誤謬問題　90
構成比率　55
公募増資　172
子会社連動株式（トラッキングストック）
　　171
国債　138
個人財務　2
コスト・センター　84
固定長期適合率　55
固定費　88
固定比率　54
個別銘柄　119
コーポレート・ガバナンス　203
コマーシャルペーパー（ＣＰ）　175
コール・オプション　153
"コングロマリット型"合併・買収　235
コンソル　27

さ　行

債券格付け　74
在庫（棚卸資産）回転日数　59
財政学　2
裁定　152
裁定機会　152
裁定取引　192
最適資本構成の問題　188
財務　2
財務諸表　5
財務諸表等規則　53
財務諸表分析　51
債務不履行（デフォルト）　174
財務リスク　190
財務レバレッジ　194
先物　148
先物価格　149,151
酸性試験比率　54
残高　38
残余財産分配請求権　170
残余利益　92
残余利益配当政策　243
自益権　170
自家製レバレッジ　197
時価　187
時価発行　172
時間・エネルギーの節約　234
時間価値　10,21,159

事業部管理可能利益　89
事業部貢献利益　89
事業部制　83
資金　35
資金市場　34
資金の在高　38
資金の流れ・実体と会計との関係　36
資金不足主体　168
資金余剰主体　168
時系列データ　99
時系列モデル　72
シグナリング効果　243
自己株式所得　243
自己資本　54
自己資本（当期）利益率　56
自己資本調達　169
自己資本比率　55
自己資本利益率　189
資産代替問題　202
資産譲り受け　236
支出原価　29
市場ポートフォリオ　140
市場リスクプレミアム　186
死蔵品　54
四則計算　111
自治能力　83
実行可能領域　132
実体　36
支払い義務　53
支払い準備　53
支払能力　53
資本　41,170
資本回転率　69,91
資本構成　30
資本構成無関連命題　193
資本コスト　28,182,209
資本資産評価モデル　106,142,185
資本支出　208
資本市場線　140
資本損失　240
資本調達決定　5
資本分配率　71
資本予算　208
資本予算の編成過程　208
資本利益率　69,91
資本利得　240
社債　168,174
写体　36
借金経営　55
収益センター　84,87
収益率　119
従業員1人当たり売上高　60
集権的組織　83
出資額　3

索　引　249

出資者の持分　170
出資(所有)と経営の分離　4
種類株式　171
商業手形割引　176
証券市場線　144
証券統計年報　101
証券取引所　38
証券の品質　201
上場企業　38
証書借入　176
商品スワップ　160
商法施行規則　227
商法上の匿名組合　231
情報の非対称性　50,61,201,224
情報の不完全性　240
正味現在価値　209
将来価値　21
所有と経営の分離　224
新株引受権付社債(ワラント債)　174
新株予約権　175,226
新株予約権付社債　174
審査　39
新設合併　236
信用分析　51,69
　"垂直型"合併　236
　"水平型"合併　236
スタンダード・アンド・プアーズ(S&P)　75
ステイクホルダー　50
ストックオプション　15,175,224
スワップ　148
成果分配の意思決定　71
整合性(首尾一貫性)　83
清算価格　150
清算貸借対照表　38
税制　197
税制による影響　241
製造マージン　88
正のレバレッジ効果　190
製品の販売　87
責任会計　84
責任センター　84
責任体系　84
セグメント別情報分析　80
節税　235
節税効果　184
絶対参照　112
「絶対値」分析　43
説明・報告する　37
セル　111
セル参照　104
セル範囲　112
専門経営者　4
(営業・経常または当期)増益率　58
相関係数　127

増資　171
総資産(利払い前・税引き前)利益率　56,189
総資本回転率　59
増収(売上高成長)率　57
相対参照　112
「相対値」分析　43
挿入　113
相場　61
増分　208
総務省統計局　97
ソニー　41,53

た　行

第三者割当増資　172
対象をファイルに保存　109
対等　236
ダウンロード　96
ターゲット・リターン　133
他人資本調達　169
他人資本の利用　188
多変量解析手法　72
単元株制度　171
超過リターン　143
長期的な投資　208
調達規模の決定　188
調達源泉の選択　188
帳簿に記録する　37
直接金融　168
追加　115
通貨スワップ　160
ディスクロージャー　76
ディール　236
手形借入　176
テキストファイルウィザード　110
出口戦略　231
デュポン社　70
"デュポン"方式　51
デリバティブ　148
転換社債　174
転換予約権付株式　171
等額投資　105
動機づけ　202
東京金融先物取引所　99
東京証券取引所　98
統計　97
統計・データ　96
統合する　68
当座借越　176
当座比率　54
倒産　234
倒産コスト　199
倒産予測モデル　73
投資・営業キャッシュフロー比率　64
投資家向け広報　76

投資決定　5
投資の経済性　213
東証統計月報　101
統制プロセス　7
独立採算組織　88
トラッキング・ストック　81
取引活動　35
取引費用　240
トレードオフ　242

な 行

内閣府経済社会総合研究所　97
内部（自社）分析　51
内部資金調達　168,169
内部資本　178
内部分析　80
内部利益率　30,210
内部利益率法　209
名前を付けて保存　109
2項モデル　156
2次計画問題　133
2資産分離定理　140
日本インベスター・リレーション（ＩＲ）協議会　76
日本銀行　96
入札形式　173
値洗い　150
年価　210
年金現価　25
年金現価係数　26,210
年金現価係数表　26

は 行

廃業率　228
買収　234
配当性向　60
配当性向安定政策　243
配当政策　239
配当平準化政策　243
配当利得　240
配当割引モデル　185
派生証券　148
発行体格付け　74
発生主義会計　18
ハンズオン型投資　232
引受価額　3
引数　112
非現金支出項目　169
ビジネス・ユニット　80
ヒストリカル・ボラティリティ　159
ビーバー　73
標準偏差　121
開く　109
ファイナンスの目的　7

ファイル　109
フォワード　148
フォワード価格　149
付加価値　60,70
付加価値生産性　71
付加価値率　71
不完全情報による影響　241
複数の投資対象　118
複利　22
複利現価係数表　23
負債　41,169
普通株主　12
普通社債　174
ブックビルディング方式　173
物的生産性　59
プット・コール・パリティ　159
負のレバレッジ効果　190
ブラック・ショールズ・モデル　158
フリーキャッシュ・フロー　19,74,201
振替価格　90
不良債権　54
不良債権問題　203
プレミアム　152
フロアー　153
プロダクト・ミックス　88
プロフィット・センター　84,88
分散　123
分散投資　105,129
粉飾決算　50,70
分析する　68
平均原価　86
平均利益　214
ベータ　142,186
ヘラクレス　232
ベンチャー企業　225
ベンチャーキャピタリスト　230
ベンチャーキャピタル　230
報告式　41
法人税　197,215
ポータル　99
ポータルサイト　99
ポートフォリオ　124
ポートフォリオシミュレーション　134
ポートフォリオ選択理論　134
ホームページ　96
本質的価値　154
本体　36
本部（社）費の問題　90

ま 行

マイクロソフト　101
マーコビッツ　134
満期日　152
ミラー　191,239

索引　*251*

無額面株式　171
無限責任　3
無償増資　172
ムーディーズ　75
メインバンク・システム　203
目標資本構成　187,188
モジリアーニ　191,239
モニタリング　202
モラルハザード　200,241

　　　　　　　　や　行

誘因　60
有価証券報告書　38,228
有限責任　3
有効フロンティア　132
有償増資　172
優先株　171
要求収益率　182
ヨーロピアン・オプション　153

　　　　　　　　ら　行

利益の最大化　8
利益配当請求権　170

利子補償倍率　64
利子率　21
リスク　10,123
リスク中立確率　158
リスク調整済み割引率　144
リスク調整割引率　219
リスク要因　218
利息　21
リターン　120
利払い前・税引き前利益　56
流動比率　53
留保利益　169,178,187,239
レバレッジ効果　189
連結決算表　38
労働分配率　71
論文・レポート　96

　　　　　　　　わ　行

ワークシート　111
ワードプロセッサ　110
割り引く　22
ワールド・コム　50
ワン・イヤー（1年）・ルール　43

252

編者紹介

大塚宗春（おおつかむねはる）
  1943年生まれ
 現　職 会計検査院　検査官
    1974年早稲田大学大学院商学研究科博士課程単位取得退学
    早稲田大学商学部元教授大蔵省企業会計審議会・金融審議会各委員歴任
 専　門 財務管理論，管理会計
 主　著 『意思決定の財務情報分析』（国元書房，(初版)1985年），『管理会計の基礎』（税務経理協会，1998年），『逐条解説　金融商品会計基準』（編著，中央経済社，1999年），『現代ファイナンス入門』（放送大学教育振興会，2000年），『現代簿記会計』（中央経済社，2000年），『意思決定会計講義ノート』（税務経理協会，2001年）

宮本順二朗（みやもとじゅんじろう）
  1945年生まれ
 現　職 帝塚山大学　経営情報学部教授
    1978年早稲田大学大学院商学研究科博士課程単位取得退学
 専　門 経営分析論，財務管理論，経営情報論
 主　著 『意志決定の財務情報分析』（国元書房，(初版)1985年），『日本のトップカンパニー』（日本経済新聞社，1993年），『日本のM&A』（中央経済社，1995年），『企業リストラクチャリングとM&A』（同文舘，1999年），『現代ディスクロージャー論』（中央経済社，1999年），『バリュー経営のM&A投資』（中央経済社，2001年），いすれも共著。

21世紀経営学シリーズ 7　**ビジネス・ファイナンス論**

2003年9月1日　第1版第1刷発行

監修者　齊藤　毅憲
　　　　藁谷　友紀
編著者　大塚　宗春
　　　　宮本順二朗
発行所　株式会社 学文社
発行者　田中　千津子
〒153-0064　東京都目黒区下目黒3-6-1
Tel.03-3715-1501　Fax.03-3715-2012

ISBN 4-7620-1220-3

©2003 Otsuka Muneharu & Miyamoto Jyunjiro　Printed in Japan
乱丁・落丁本は，本社にてお取替致します。　http://www.gakubunsha.com
定価は，カバー，売上カードに表示してあります。〈検印省略〉　印刷／新灯印刷㈱

最新，高度，学習しやすさ
齊藤毅憲・藁谷友紀監修「21世紀経営学シリーズ」

第1巻　経営学の構図　　　　　齊藤毅憲編　248頁　本体2400円

「現代の一般教養」としての経営学の理解のために。経営基礎論，経営目標論，経営構造論，経営資源論，の4つのパートからなり，現在の経営学の体系や主要理論を簡明に概説。本シリーズの見取り図を示した。

第2巻　企業と市場　　　　　藁谷友紀編　近刊

第3巻　経営戦略論　　　　　寺本義也・岩崎尚人編　近刊

第4巻　経営組織　　　　　大月博司・高橋正泰編　2500円

情報ネットワーク化とグローバル化の進展する社会で新たな課題に直面した組織研究。組織の構造，プロセス，隠れた側面，組織の革新といった組織の諸論点を中心に様々な角度から経営組織を考察。

第5巻　情報技術と企業経営　　　　　島田達巳・遠山　曉編　272頁　本体2500円

企業は情報技術をいかに経営に活かすべきか。経営情報基礎論，情報論的経営戦略論・組織論，現代情報技術応用論，情報論的経営社会論の4部構成。経営情報論入門としても最適。

第6巻　価値創造システムとしての企業　　　　　永田晃也編　240頁　本体2400円

企業はその活動を通じて自らの存在価値を創造している。企業の「価値創造」の側面に焦点をあて，全体性をもった「システム」として分析。経営学の新分野を開拓し，企業の新たな生態に迫った画期的な書。

第7巻　ビジネス・ファイナンス論　　　　　大塚宗春・宮本順二朗編　264頁　2500円

経済・会計・法学といった隣接諸科学と密接に関わるビジネス・ファイナンス。意思決定・行動のために必要な情報をいかに収集・分析し用いるか。コラムや豊富な図表で最新のトピックスをまじえて概説した。

第8巻　人的資源管理論　　　　　平野文彦・幸田浩文編　244頁　2400円

人的資源としての"働く人"の活動を計画，組織化，評価する一連の管理の方法や施策を概説。人的資源管理に必要な戦略や組織づくり，環境整備とは。経営における中核に位置づく人的資源管理テキスト。

第9巻　国際経営　　　　　佐藤憲正編　近刊

第10巻　経営学のフロンティア　　　　　齊藤毅憲・藁谷友紀・相原章編　近刊